DLPT Russian Prep Volume 1

Contents

Test #1 3
  «Волшебник Изумрудного города. Дорога из желтого кирпича»: идем дорогой трудной, дорогой не прямой! 3

Test #2 6
  Лавочку прикрыли. Трамп отнял гранты у российских иноагентов и Сороса 6

Test #3 10
  В России вступил в силу режим спецвысылки мигрантов 10

Test #4 13
  Требуются мозги. Педагог Рукшин: почему детей не учат, а таланты уезжают 13

Test #5 18
  Превентивная обработка солью делает улицы более скользкими, считают исследователи .. 18

Test #6 20
  Космос начинается здесь: как создавался 65 лет назад Центр подготовки космонавтов 20

Test #7 24
  В музее Льва Толстого представили новый этап цифрового проекта «Слово Толстого» 24

Test #8 27
  Риск ради лидерства — оправдан 27

Test #9 30
  Едущие вместе: будущее за общественным транспортом 30

Test #10 33
  «Тарифы — это приглашение к диалогу» 33

Test #11 35
  Татьяна Бакальчук — Forbes: «Эти рейтинги тщеславия мне абсолютно не важны» 35

Test #12 39
  Почему гопника можно превратить в Пушкина, а Пушкина в гопника — нет? 39

Test #13 42
  Три великих вопроса Природе от ученых 42

Test #14 45
  Как зумеры не умеют жить эту жизнь 45

Test #15 48
  Как маркетплейсы делают нас паразитами 48

Test #16 51

Почему мы ностальгируем по 1990-м 51
Test #17 54
Профессионально подвижные: почему россияне стали чаще менять работу 54
Test #18 59
Что делать с массовым ожирением? 59
Test #19 63
Как теории заговора воплощаются в жизнь 63
Test #20 67
Квадробинг: просто игра или геополитическое оружие? 67
Test #21 72
Кому сейчас в России нужны иностранные языки 72
Test #22 76
Принуждение к «АвтоВАЗу» 76

Test #1

«Волшебник Изумрудного города. Дорога из желтого кирпича»: идем дорогой трудной, дорогой не прямой!

Лидером новогодних сборов стал «Волшебник Изумрудного города» Игоря Волошина, уже заработавший три миллиарда рублей — чуть больше ближайшего конкурента, «Финиста. Первого богатыря» Дмитрия Дьяченко. В чем секрет успеха сказочной инсценировки?

В 1939 году, желая попрактиковаться в английском языке, доцент и литератор Александр Волков перевел американскую сказку, но живое воображение взяло верх: переиначенного «Волшебника из страны Оз» Фрэнка Баума благословил литературный генерал Маршак и повесть обрела долгую счастливую жизнь, выдержав около полусотни изданий. Только вот с экранизациями книжке не везло. Кукольный мультсериал семидесятых и игровая картина Павла Арсенова 1994-го представлялись неудачей.

Новый же «Волшебник» достоин изучения как наглядное пособие недугов российского кинопроцесса, подобно Дракуле, оживающего раз в год ради новогоднего чеса, когда маленькие зрители затащат в кино пап и мам. Без детских глазенок мертвец — не жилец: наш коммерческий кинематограф превратился в фабрику инфантильных фейков, считающихся «аттракционами» и являющихся их уродливыми муляжами.

Производителей мало интересует содержание собственных лент — их коммерческий расчет вдохновляет не художественный замысел, а бессодержательная, сугубо декоративная эксплуатация художественных средств, маскирующих идейную и бюджетную нищету. В итоге репертуар последних лет наводняют поделки, запоминающиеся лишь бездумными «референсами»: пресмыкаясь перед воображаемыми модами и подделываясь под них, продюсеры демонстрируют презрение и к искусству кино, и к зрителям. Вместо художественных картин имитаторы кинопроизводства вырабатывают особую форму «коммерческого мышления»: прежде чем создать «продукт», они придумывают, как разложить его на полке, пристроив абы что в прокатную сетку.

В идеале — на годы вперед. То есть по частям. И этот «основной инстинкт» уже доведен до автоматизма. В частности, франшиза про Изумрудный город расписана до января 2029-го и далее, когда нам предстоит познакомиться с деревянными солдатами Урфина Джюса. Но прежде, еще на две серии и четыре года, мы задержимся в гостях у великого и ужасного Гудвина. Впрочем, в первой части мы его не увидим. Главным персонажем Волшебной страны назначена злая волшебница, и ей неуютно в этой роли.

Смахивающая на одноглазую тень Малефисенты Бастинда присматривает за Элли посредством своего правого, искусственного, летающего глаза и пытается лишить ее волшебных туфелек с помощью никчемных, то и дело садящихся в лужу приспешников. При этом сама злодейка отчего-то не смеет покинуть пределы мрачного замка, что подрывает ее и без того сомнительное могущество... Впрочем, и Волшебная страна, и приключения героини также скукоживаются до тавтологичного топтания на месте, куда в мгновение ока добираются пособники мерзавки.

В сухом остатке — досадное недоумение: размазав историю на три части, экранизаторы скомкали сюжет мистического путешествия и обессмыслили образы персонажей. В версии Баума безмозглый Страшила, Железный Дровосек и Трусливый Лев символизировали союз сословий крестьян, рабочих и солдат. У Волкова друзья Элли составляли волшебный ансамбль воплощающий здравый смысл, сердечную мудрость и духовную волю. У Игоря Волошина это просто куклы, отрабатывающие сольные номера и лениво обменивающиеся идиотскими репликами: «Я — не Тотошка, я — Тотоний, а ты — гений среди удобрений!» Больше «друзей», напоминающих неуклюжих роботов из «Звездных войн», не повезло лишь Элли. Вместо того, чтобы открывать чудеса сказочной страны, невнятная путешественница всю дорогу хватается за мобилку, а вайфая то и нет…

Нищету замысла отчасти компенсируют успехи гримеров, художников по костюмам и талантливого режиссера, тщательно прорабатывающего считаные детали доверенных его попечению персонажей. Увы, никакие творческие потуги не спасают «проект», лишенный образного строя и осмысленных перипетий. Кроме сущей мелочи — дороги из желтого кирпича, оставшейся путеводной нитью и осью событий. Следуя канве крепко скроенной книжки, тут удается соблюсти приблизительную логику сказки, невзирая на отсебятину и блажь.

https://portal-kultura.ru/articles/music/367890-bolshaya-doroga-chernaya-noch-da-likhie-dela-ili-apogey-sovetskogo-roka/

Задание 1. Отметьте верные утверждения.

		верно	неверно
1.	Новый фильм о Волшебнике Изумрудного города является первой удачной экранизацией книги Волкова.		
2.	В статье утверждается, что российский коммерческий кинематограф ориентирован на художественное качество.		
3.	По мнению автора, продюсеры современных фильмов часто используют визуальные эффекты для маскировки слабого содержания.		
4.	Главным антагонистом в первой части нового фильма является Гудвин.		
5.	Страшила, Дровосек и Лев в фильме Волошина представляют собой символическое объединение сословий.		
6.	В новой экранизации Элли постоянно использует мобильный телефон.		
7.	Дорога из желтого кирпича является одним из немногих элементов, сохранивших логику оригинальной сказки.		

Задание 2. Выберете все возможные верные варианты ответов.

1.	Как автор статьи оценивает общий уровень российского коммерческого кинематографа?	a. как процветающий и творчески богатый как художественно ценный, но недооцененный как бедный на идеи, но активно продвигаемый как перспективный, но требующий доработки
2.	Что символизировали персонажи Страшилы, Дровосека и Льва в оригинальной версии Баума?	a. разные типы магических существ b. союз сословий крестьян, рабочих и солдат c. ключевые элементы магической системы Волшебной страны d. символы власти, силы и разума
3.	Какой тон текста преобладает в данной статье?	a. нейтрально-объективный b. иронично-критический c. хвалебный d. меланхоличный
4.	Какова основная претензия автора к фильму Волошина?	a. слишком сложный для детской аудитории b. не соответствует духу оригинального произведения c. излишняя серьезность и мрачность d. низкокачественная графика
5.	Какова функция дороги из желтого кирпича в фильме, согласно автору?	a. она является символом испытаний героев b. это единственный связующий элемент между фильмом и книгой c. это основной источник магии в истории d. она помогает героям обрести истинное предназначение
6.	Какую проблему современного кинопроизводства подчеркивает автор?	a. недостаток финансирования в отечественном кино b. чрезмерное увлечение цифровыми технологиями c. сосредоточенность на коммерческой выгоде в ущерб содержанию d. полное отсутствие качественных сценариев
7.	Какой прием автор чаще всего использует в статье для выражения своего мнения?	a. фактологический анализ b. сравнение с предыдущими экранизациями c. ирония и сарказм d. цитирование оригинального текста книги

Test #2

Лавочку прикрыли. Трамп отнял гранты у российских иноагентов и Сороса

Администрация Дональда Трампа планирует полностью закрыть Агентство по международному развитию (USAID), которое занималось организацией цветных революций по всему миру. Об этом объявил глава Департамента эффективности правительства США (DOGE) Илон Маск. Теперь грантов лишатся и Украина, и множество российских нноагентов, деятельность которых курировали из Вашингтона.

Зачем Трампу закрывать организацию, которая десятки лет продвигала их интересы по всему миру, разбирался aif.ru.

Ликвидировать опасных радикалов

Агентство USAID будет ликвидировано и не подлежит восстановлению, заявил Илон Маск.

Приказ о ликвидации USAID был отдан президентом США Дональдом Трампом после того, как его администрация на 90 дней приостановила выплату любых грантов федеральным правительством для оценки эффективности таких трат. Заморожены были в том числе и многочисленные программы USAID на Украине, а также гранты, которые выделялись российским иноагентам.

Трамп заявил, что USAID «управляют радикальные безумцы» и сейчас его администрация от них избавляется. В беседе с журналистами Трамп заявил, что его администрация сначала выведет «безумцев» из USAID, а после примет решение о будущем агентства.

В итоге агенты Маска из его комиссии DOGE де-факто взяли штурмом здание USAID, уволили всех несогласных, получили доступ к северам и обрубили работу агентства. Это ввергло в панику множество сидящих на американских грантах организаций. Они заявляли, что не понимают, что их дальше ждет, потому что их контакты из американского офиса «либо уволены, либо отправленные в длительнее отпуска».

Чем занималось USAID?

Чтоб понять масштаб тектонических сдвигов, происходящих сейчас, достаточно сказать, что агентство только на Украине финансировало более ста проектов на сумму в 7 миллиардов долларов. В том числе СМИ (примерно 90 % украинских СМИ финансировались американцами), а также программы по энергетике, медицине и инклюзивности. А всего USAID осуществляет свою деятельность в более чем 100 странах мира и имеет бюджет более 50 миллиардов долларов. Это примерно на уровне военного бюджета таких стран, как Россия и Китай.

Клиентами USAID были и российские иноагенты, а также экстремистские организации, такие как «Медуза», «Важные истории», «Insider», ФБК и другие. Маск прямо указал, что агентство использовалось американским правительством в целях продвижения пропаганды и для организации «цветных революций» по всему миру. Агентство «было пронизано сверху донизу людьми из ЦРУ», отметил он. «Идея заключалась в том, чтобы внедрить агентов в каждый вид деятельности, который мы вели за рубежом: правительственный, волонтерский, религиозный, любой», — добавил миллиардер.

Также он рассказал, что USAID вложило 53 миллиона долларов в организацию EcoHealthAlliance, которая затем использовала эти средства «для поддержки исследований по приобретению функций коронавирусов в лаборатории в Ухане».

«Знаете ли вы, что USAID, используя ВАШИ налоговые деньги, финансировало исследования биологического оружия, включая COVID-19, в результате которых погибли миллионы людей?», — написал он в X.

Зачем это Трампу?

«Тектонические сдвиги, учитывая роль, которую USAID играла в проведении американской политики», — прокомментировал происходящее директор по научной работе Международного дискуссионного клуба «Валдай» Федор Лукьянов.

Но возникает логичный вопрос: зачем Трампу уничтожать такой полезный для продвижения американской политики по всему миру инструмент.

И тут нужно понимать, что в администрации Трампа воспринимают USAID сейчас не как инструмент для продвижение американского влияния, а как организацию, которая находится под полным контролем политических противников Трампа — демократов. И служит их интересам.

«С бюджетов USAID кормилось огромное число связанных с Демпартией организаций, продвигавших тему абортов, расово-гендерную-повестку и „зеленую" идеологию. Теперь их всех выставят на мороз», — отмечает политолог-американист Малек Дудаков.

По словам политолога, помогала USAID и попадать на территорию США нелегальным мигрантам, которым она буквально выделяла деньги. Крупными получателями грантов были и организации большого врага Трампа Джорджа Сороса. Теперь им тоже всем перекрыли финансирование.

Вопрос теперь, что будет с USAID. Маск заявил, что организацию ликвидируют. Но есть второй вариант — ее просто переподчинят Госдепу, проведут там масштабную реструктуризацию и запустят по новой. Тогда она вновь займется продвижением внешних проектов США, снова щедрой рукой спонсируя цветные революции по всему миру.

https://aif.ru/politics/world/lavochku-prikryli-tramp-otnyal-granty-u-rossiyskih-inoagentov-i-sorosa

Задание 1. Отметьте верные утверждения.

	верно	неверно

1.	Администрация Дональда Трампа приняла решение о ликвидации USAID после того, как USAID приостановили выдачу грантов Европейским странам.		
2.	USAID финансировало многочисленные проекты на Украине, включая СМИ, энергетику и медицину.		
3.	Российские иноагенты, получавшие финансирование USAID, в основном занимались развитием частного бизнеса.		
4.	В статье утверждается, что USAID занимались продвижением американской политики за рубежом, а также для организации «цветных революций».		
5.	В администрации Трампа посчитали, что USAID находится под влиянием политических противников Трампа, служит интересам Демократической партии.		

Задание 2. Выберете все возможные верные варианты ответов.

1.	Какова главная причина закрытия USAID, согласно тексту?	a.	USAID перестало приносить пользу американской внешней политике.
		b.	USAID финансировало организации, поддерживавшие политических оппонентов Трампа.
		c.	USAID не смогло эффективно управлять бюджетом.
2.	Какую роль, по мнению авторов текста, играло USAID в международной политике?	a.	Оказание гуманитарной помощи развивающимся странам.
		b.	Поддержка демократических институтов в странах с авторитарными режимами.
		c.	Влияние на политические процессы в других странах, в том числе через финансирование СМИ и организаций.
3.	Что, согласно тексту, произошло после приостановки грантов USAID?	a.	Организация была сразу же расформирована и прекратила деятельность.
		b.	Сотрудников уведомили об увольнении по электронной почте, а некоторые грантополучатели оказались в неопределённости.
		c.	USAID стало напрямую подчиняться Пентагону.
4.	В каком тоне написана статья?	a.	информационном
		b.	критическом
		c.	ироничном

5. Какое утверждение из текста скорее относится к теории заговора?	a.	USAID финансировало исследования коронавируса и биологического оружия в лаборатории в Ухане.
	b.	USAID продвигало американские интересы за границей.
	c.	USAID финансировало украинские СМИ.
6. Выражение «лавочку прикрыли» означает …	a.	пиши пропало
	b.	залечь на дно
	c.	прекратить деятельность
7. Безумец – это	a.	ненормальный, сумасшедший человек
	b.	человек, который тратит слишком много денег
	c.	гений
8. Выражение «взять штурмом» означает …	a.	завладеть чем-то быстро и решительно, применяя силу или давление
	b.	провести мирные переговоры для достижения соглашения
	c.	временно приостановить деятельность организации
9. Что означает выражение «выставить на мороз» в контексте высказывания Малека Дудакова о прекращении финансирования USAID?	a.	организация потеряет финансовую поддержку
	b.	организацию ждёт судебное преследование.
	c.	организации будет предложена альтернативная форма финансирования

Test #3

В России вступил в силу режим спецвысылки мигрантов

В России с 5 февраля вступил в силу миграционный режим высылки нелегально находящихся в стране иностранных граждан. Об этом сообщает МВД.

В соответствии с новым законом мигранты, совершившие правонарушение или нелегально пребывающие в России, попадут в специальный реестр контролируемых лиц и будут обязаны присылать в МВД сведения о своем местонахождении в виде фотографии с геолокацией.

Находящиеся в реестре мигранты не смогут покупать недвижимость, управлять автомобилем, пользоваться банковскими услугами, вступать в брак, менять место жительства или пребывания без разрешения МВД и выезжать за пределы региона проживания.

Если мигрант неоднократно нарушит установленные ограничения и запреты, его депортируют. После выезда из России мигрантов будут исключать из реестра контролируемых лиц.

Кроме того, власти ввели штрафы за оказание нелегальным мигрантам услуг, запрещенных законодательством. Размер штрафа для граждан составляет от 2 до 5 тысяч рублей, для должностных лиц — 35–50 тысяч рублей, для юридических лиц — 400–500 тысяч рублей.

После теракта в "Крокус Сити Холле", который, по официальной версии, устроили граждане Таджикистана, в России обострились ксенофобские настроения по отношению к мигрантам. В разных регионах страны правоохранители начали проводить облавы по местам их проживания и работы. В некоторых случаях мигрантов ставили на учёт в военкомат. Одновременно начались "рейды" националистов, в ходе которых последние требовали уволить мигрантов или заставить девушек снять головные платки.

С начала 2024 года сотрудники МВД выслали из России более 65 тысяч иностранных граждан, а также закрыли въезд в страну для 120 тысяч мигрантов. Поток мигрантов в Россию упал до минимума за 10 лет на фоне кадрового кризиса в стране.

В октябре 2023 года в Госдуму внесли законопроект, согласно которому предлагается запретить иностранным гражданам работать в школах, фармацевтической сфере, государственных медучреждениях, такси и грузовых перевозках по всей стране. Власти ряда регионов ввели запреты на работу мигрантов в такси и других сферах.

https://www.svoboda.org/a/v-rossii-vstupil-v-silu-rezhim-spetsvysylki-migrantov/33304315.html

Задание 1. Отметьте верные утверждения.

	верно	неверно

1.	В соответствии с новым законом мигранты, находящиеся в реестре контролируемых лиц, могут свободно передвигаться по территории России без разрешения МВД.		
2.	За предоставление незаконных услуг нелегальным мигрантам предусмотрены штрафы как для физических, так и для юридических лиц.		
3.	После теракта в "Крокус Сити Холле" в России усилились антимигрантские настроения и проверки со стороны правоохранительных органов.		
4.	Власти приняли закон, согласно которому иностранным гражданам полностью запрещено работать в России.		
5.	С начала 2024 года более 65 тысяч иностранных граждан были высланы из России.		

Задание 2. Выберете все возможные верные варианты ответов.

1.	Какая мера применяется к мигрантам, если они нарушают установленные ограничения несколько раз?	a. b. c.	им запрещается работать в России их депортируют из страны им увеличивают штрафы
2.	Что означает термин **«реестр контролируемых лиц»** в контексте текста?	a. b. c.	список мигрантов, которым разрешено находиться в России без ограничений база данных мигрантов, находящихся под особым контролем МВД перечень иностранных граждан, работающих в России
3.	Какой тон текста преобладает в описании ситуации с миграционной политикой?	a. b. c.	саркастический критический нейтральный
4.	В каком значении в тексте используется выражение **«облавы»**?	a. b. c.	массовые проверки и задержания мигрантов правоохранительными органами дружественные визиты полиции для разъяснения новых законов кампании по трудоустройству мигрантов
5.	Какой основной фактор привел к снижению потока мигрантов в Россию?	a. b. c.	рост заработных плат для местного населения ухудшение экономической ситуации в странах происхождения мигрантов жесткие меры контроля и депортации иностранных граждан
6.	Как новые законы и текущая ситуация в России скорее всего повлияют на желание мигрантов приезжать в Россию?	a. b.	Желание мигрантов приезжать в Россию скорее всего продолжит снижаться из-за ужесточения контроля и ограничений. Интерес к миграции в Россию останется на прежнем уровне, поскольку новые

	законы не значительно повлияли на условия въезда. c. Число желающих мигрировать в Россию увеличится, так как новые меры обеспечивают *бо*льшую безопасность и стабильность.

Test #4

Требуются мозги. Педагог Рукшин: почему детей не учат, а таланты уезжают

В России не хватает 1,5 млн высококвалифицированных кадров, заявил вице-премьер Александр Новак. И хотя вузы каждый год выпускают тысячи молодых специалистов, строить самолеты и ракеты, создавать новые технологии некому. Почему так происходит?

Своим мнением с aif.ru поделился народный учитель России, член рабочей группы по образованию Совета по правам человека при президенте РФ, профессор РГПУ им. А. И. Герцена и замдиректора Президентского физико-математического лицея № 239 Санкт-Петербурга Сергей Рукшин.

Смотрели на Запад

— С проблемой нехватки квалифицированных специалистов государство столкнулось уже давно. Если в 1990-е годы, судя по опросам детей (и это не шутка), мальчики хотели стать рэкетирами, а девочки — освоить древнейшую валютную профессию, то потом вошли в моду специальности типа «купи-продай», которые не требовали знания физики, математики, химии, биологии, информационных технологий. И при этом смотрели в сторону Америки и других западных стран, где цивилизация есть, а культуры нет. У нас сместились акценты. Стало модно и престижно быть экономистами (правда, для этого надо что-то знать), государственными служащими, юристами, адвокатами, нотариусами, управленцами. Это стало синонимом успеха и благополучия. Постепенно, как и на Западе, эта доминанта вошла в сознание родителей, а потом передалась детям.

Вместо вуза — ПТУ

Параллельно шел кризис образования, в первую очередь среднего. Представители поколения советских учителей, которые не только знали, как надо учить, но и умели это делать, которые не оказывали образовательную услугу, а служили государству, детям, людям, в силу естественных возрастных причин умирали, часть уходили из профессии из-за нищенских оплат, менялся учительский корпус.

Потом началась реформа высшего образования — переход на Болонскую систему (вместо пятилетнего обучения ввели четырехлетнее), когда мы сделали из подготовки специалистов педагогическое ПТУ. Учителей стали готовить четыре года и называть бакалаврами. С учетом того, что бакалавриат кончается защитой дипломов в июне, получаются те же 3 года 10 месяцев, что и в педучилище. Более того, бакалавриат для тех, кто хочет работать учителем, насытили совершенно чуждыми дисциплинами. Ну зачем будущему учителю в вузе изучать русский язык и историю страны? Он что, этого не изучил в школе? Если не изучил, так это позор школе. Появились и вовсе странные дисциплины о межпредметном сотрудничестве. Начался двойной отрицательный отбор. Сначала те, кто не попал на престижные специальности в вузы, пошли в пединститут. А потом худшие из них остались в школе. Потому что лучшие не выдерживают нищенской оплаты, бюрократических придирок, требований, чтобы все хорошо учились в смысле оценок, родители не жаловались, дети не возмущались.

Суть педагогической профессии извратили так, что статус педагога оказался приравнен к женщине легкого поведения, которая должна нравиться.

Свобода не учить и не учиться

Техническое образование в стране окончательно добили единым государственным экзаменом. Базовую математику на ЕГЭ сегодня может сдать грамотный выпускник пятого класса, равно как и русский язык. И вот у тебя уже диплом о среднем образовании. В школе наступила двойная свобода. Для учителей — всерьез своим предметам не учить. А для детей — не учиться. Им нужны два-три предмета, необходимые для поступления на выбранную специальность. Физика, химия, биология, информационные технологии не обязательны для всех, их выбирают только те, кому это сознательно нужно. В итоге 2023 году на бюджетные места инженерно-конструкторских специальностей не хватило около 30 тыс. людей. Просто потому, что выпускников школ, которые сдали информатику или физику, было почти на 30 тыс. меньше, чем бюджетных мест.

Стоит отметить также негативную роль раннего профильного обучения с седьмого класса, когда ребенок (или родители?) после шестого класса должен выбрать профиль, а на деле — судьбу, потому что в старших классах этот профиль фактически уже не поменять, если интересы ребенка изменятся. Причем выбор должен состояться, когда ребенок не знаком со многими предметами — физикой, химией, современной биологией. Как в старом анекдоте: и привел Бог Адаму Еву, да и говорит ему: «Выбирай себе жену!»

А что же с теми, кто поступил? Тут снова вступает в игру отрицательный отбор. Да, ЕГЭ позволяет школьнику из глубинки попасть в столичные вузы. Но этот школьник ведь идет не туда, куда хочется, а туда, куда возьмут. Куда хватит баллов, чтобы вырваться из депрессивной экономики своего региона, скучной, как ему кажется, жизни, без поп-звезд с билетами на концерты за 15 тыс. руб. Вырваться, как ему кажется, в культурные центры. И вот он поступает абы куда. Надо ли удивляться, что работать по специальности он потом не идет. Я знаю по Санкт-Петербургу, что у нас огромное количество официантов и барменов с высшим образованием, которые приехали покорять имперскую столицу. Государство тратит огромное количество денег на их подготовку и не получает специалистов.

Теряем таланты

Из-за ЕГЭ вузы потеряли целевой контингент. Если раньше в знаменитый питерский «Военмех» шли люди, которые с детства мечтали строить ракеты, проектировать вооружения (и я таких детей знал), то сейчас идут те, кому хватает баллов.

Целевой контингент выявляется на устных собеседованиях: «О чем ты, мальчик, мечтаешь с такими оценками?» Очень часто этот целевой контингент, скажем, знает физику, но имеет мало баллов по русскому языку. Но теперь вместо него на эту специальность поступает будущий официант, который неважно написал ЕГЭ по физике, но зато по русскому, к примеру, набрал 90 баллов, за счет чего и прошел по конкурсу. А чему он способен научиться?

Безусловно, немотивированные и не готовые к обучению в высшей школе были всегда. Их доля была другой. Отказаться от зачисления слабых или отчислить неуспевающих студентов не так просто. Вузы получают нормативно-подушевое финансирование. Чтобы бороться за контингент и не терять оплачиваемые государством места, заставляют преподавателей ставить таким липовые тройки. Есть известное выражение: набираем дубов, а выпускаем липовых специалистов. Высшая школа становится деревообработкой.

Талантливая научная молодежь уезжает за границу. Не потому, что они не патриоты, совсем не обязательно. А потому, что в аспирантуре нищенская стипендия, которая не позволяет сосредоточиться на занятиях наукой. На нее нельзя даже снять комнату, не то что содержать молодую семью. А за границей статус аспиранта позволяет, пусть скромно, но достойно жить: снять жилье, купить машину, обеспечить семью и заниматься своей наукой. В итоге мы катастрофически теряем таланты на уровне перехода в аспирантуру.

Загружены не тем

На президентском совете по науке и образованию 2024 года прозвучало эпохальное заявление о том, что надо кардинально улучшить преподавание в школах математики, физики, химии, информационных технологий. Что мы видим сейчас? Да ничего. В школах один из самых худших учебников по математике вместо гораздо более хороших, катастрофическая нехватка педагогов. Иногда уроки по естественнонаучным предметам ведут учителя физкультуры или иностранного языка под лозунгом: лучше кто-нибудь, чем дети будут слоняться без дела. Кроме колоссальной нехватки учителей в стране, еще и проблема с их квалификацией, а неквалифицированный учитель может загрузить ребенка бог знает чем.

И вот уже родители жалуются, а в Госдуме обсуждают, что дети в школе перегружены. Но, судя по всему, отнюдь не знаниями. Согласно результатам недавнего опроса ВЦИОМ, молодежь 18-24 лет не имеет элементарных понятий по истории, географии, литературе, которые были у каждого выпускника советской школы. Например, ответ на вопрос «Куда впадает Волга?» дали только 18% молодых людей. «Кого и когда свергли большевики?» — 12%. У этой молодежи нет общего с нами, как теперь модно говорить, культурного кода. К их воспитанию, патриотизму, гордости за свою страну нельзя взывать — им нечем гордиться, они об этом ничего не знают. К сожалению, мы идем по траектории западных стран, где успех меряется деньгами, легкой непыльной работой, а Родина — там, где тебе лично хорошо.

Реальный сектор экономики нуждается в математиках, физиках, биологах, специалистах по информационным технологиям. И я не вижу сейчас государственных системообразующих решений, которые способны эту проблему решить. ЕГЭ высасывает из регионов талантливых школьников. Лучшие поступают в столичные вузы, в регионы не возвращаются. А в регионах есть свои производства, исследовательские учреждения, и они остаются без кадров. Страдают огромные территории. А страна может развиваться, не распадаясь, только когда во всех местах жить хорошо. Не только госуправленцам и чиновникам. А вот когда зарплата учителя или врача зависит от региона, в котором он работает, это плохо. Это угроза распада региональных экономик.

https://aif.ru/society/opinion/trebuyutsya-mozgi-pedagog-rukshin-pochemu-detey-ne-uchat-a-talanty-uezzhayut

Задание 1. Отметьте верные утверждения.

		верно	неверно
1.	Авторы статьи считают, что в России не хватает 1,5 миллионов высококвалифицированных кадров.		
2.	В 1990-е годы, по мнению Рукшина, мальчики мечтали стать экономистами, а девочки — врачами.		
3.	В 1990-е годы, согласно Рукшину, профессии "купи-продай" не требовали знания физики, математики или химии.		
4.	В статье утверждается, что проблема нехватки квалифицированных кадров в России была решена после реформы образования.		
5.	По мнению авторов статьи неудачная реформа образования не повлияла на качество образования в России.		
6.	Главная проблема современной российской системы образования заключается в том, что учащиеся не изучают такие предметы, как физика, химия и биология.		

Задание 2. Выберете все возможные верные варианты ответов.

1.	Какое из утверждений наилучшим образом описывает изменения в образовательной системе, которые произошли в России после реформы, по мнению авторов статьи?	a. Система образования стала эффективнее и более инновационной. b. Вузы начали готовить специалистов быстрее, но с потерей качества образования. c. Педагогическое образование было значительно улучшено. d. Реформа привела к улучшению учебных программ в школах.
2.	Какие проблемы, по мнению авторов статьи, возникли из-за введения ЕГЭ в России?	a. Качество школьного образования осталось на прежнем уровне. b. Потеря целевого контингента и утрата связи между школьным обучением и вузами. c. Выросло количество студентов, поступающих в престижные вузы. d. Увеличение числа квалифицированных специалистов в России.
3.	Какую роль играет педагогическая профессия в современном обществе?	a. Учителя становятся высокооплачиваемыми и уважаемыми специалистами. b. Профессия учителя теряет статус и уважение.

4. Что произошло с профессиональными предпочтениями молодежи в России?	a.	Молодежь предпочитает работать в государственных учреждениях и юридических профессиях.
	b.	Молодежь отдает предпочтение профессиям в области культуры и искусства.
	c.	Молодежь хочет работать в научных институтах и лабораториях.
5. Как в статье описываются проблемы, связанные с научной карьерой в России?	a.	Научные сотрудники имеют достойную зарплату и условия для работы.
	b.	Молодые ученые уезжают за границу, потому что условия в России для них неприемлемы.
	c.	Научная работа в России оплачивается лучше, чем в других странах.
	d.	В России нет проблем с научными кадрами и аспирантами.
6. Как авторы статьи оценивают проблему, связанную с нехваткой учителей в школах?	a.	Учителя перегружены работой, но это не влияет на качество образования.
	b.	В школах остро не хватает квалифицированных учителей по естественнонаучным предметам.
	c.	Все учителя обладают высшей квалификацией и эффективно обучают детей.
7. Какой тон статьи?	a.	информативный
	b.	саркастический
	c.	критический

Test #5

Превентивная обработка солью делает улицы более скользкими, считают исследователи

Пленка, которую образуют распространенные в уборке города солевые растворы, имеет меньший коэффициент сцепления, чем сухая необработанная поверхность. Такой вывод содержится в исследовании свойств используемых в Петербурге реагентов, которое заказали активисты Центрального района.

Что еще выяснили исследователи. При воздействии соленого раствора прочность дорожного покрытия после 100 циклов замораживания и оттаивания снижается в 1,3 раза. Даже без воздействия температурных перепадов реагенты приводят к хрупкости асфальта и ускорению его деформации.

В следующей части исследования, которую активисты обещают опубликовать в ближайшие дни, анализируется влияние соляных растворов на почвы и грунты.

Контекст. Еще в ноябре активисты Центрального района попросили Смольный отказаться от использования соли этой зимой. Однако обсыпать ею центр города начали еще до наступления продолжительных заморозков. Губернатор Александр Беглов во время своей «прямой линии» в декабре заявил, что используемые противогололедные средства — «это эффективно, экологично и удобно», но признал, что «бывают переборы».

https://paperpaper.io/papernews/2025/1/31/preventivnaya-obrabotka-solyu-delaet/

Задание 1. Отметьте верные утверждения.

	верно	неверно
1. Солевые растворы, используемые для предотвращения гололеда, увеличивают сцепление дороги и уменьшают скольжение.		
2. Исследования показали, что солевые растворы способствуют ускоренному износу асфальта.		
3. Исследование заказали власти Петербурга, чтобы доказать эффективность использования соли в зимний период.		
4. Активисты Центрального района уже несколько лет добиваются прекращения использования соли на улицах города.		
5. Губернатор Беглов признал, что иногда в использовании соли в городе бывают «переборы».		

Задание 2. Выберете все возможные верные варианты ответов.

1. Какая ирония скрывается в заявлении губернатора Беглова о том, что	a. Он сдержанно признает эффективность, но указывает на проблему "переборов".

	используемые противогололедные средства — «это эффективно, экологично и удобно»?	b. Он не понимает, что соли неэффективны в холодную погоду. c. Он умалчивает о проблемах с деформацией дорожного покрытия.
2.	Какой термин в тексте наиболее близок по смыслу к "переборам"?	a. избыточное использование b. недостаток соли c. достаточное количество соли d. чрезмерная осторожность
3.	Каковы возможные последствия использования соли на дорогах в Петербурге, согласно исследованиям?	a. Увлажнение асфальта и его укрепление. b. Повышение прочности дорог и уменьшение деформации. c. Ускорение разрушения асфальта и деформации покрытия. d. Никаких последствий для состояния дорог.

Test #6

Космос начинается здесь: как создавался 65 лет назад Центр подготовки космонавтов

[…] Щелково-14, поселок Зеленый, Звездный городок — все эти наименования связаны с неприметным, затерявшимся в подмосковных лесах населенным пунктом. Когда-то здесь находился секретный город особого назначения, который, несмотря на свой статус, был и остается известен всем, кто хоть немного интересуется космонавтикой. Тут готовили к полетам на орбиту первый отряд советских космонавтов, в том числе Юрия Гагарина, тайно обучали основам престижнейшей профессии более 100 человек из 30 государств […]. Спустя 65 лет после рождения Центра подготовки космонавтов в нем продолжают «выводить» особую породу людей, которым дано смотреть на нашу планету сверху.

В СОВЕТСКОЕ время здесь располагался секретный, военизированный, со строгим пропускным режимом поселок, которого даже не было на картах. Шедший сюда из Москвы спецавтобус до начала 1990-х не значился в расписаниях. По сей день Щелковское шоссе обходит космоград с северо-востока, а едущие с Ярославского вокзала в сторону Фрязево и Монино электрички останавливаются на платформе со звучным, символическим названием Циолковская. Спустившись с перрона, надо пройти по лесной тропинке около километра, и окажешься возле этого особого городка. Если нет пропуска, то удастся лишь полюбоваться на КПП с надписью «ЦПК имени Ю.А. Гагарина» и монументом, изображающим стилизованные звезды. Вокруг, между соснами — высокий забор с «колючкой». И хотя в 2009 году центр впервые за свою историю перешел из военного подчинения в Роскосмос, «гражданскость» объекта и города в целом весьма относительна. Звездный городок имеет статус закрытого административно-территориального образования (ЗАТО), и тут по-прежнему есть территории, куда обычным экскурсантам доступ запрещен.

Звездный традиционно делится на две части — жилую и «производственную» (где как раз готовят космонавтов). Тут тихо и малолюдно, иногда кажется, что в городке вообще нет жителей. И тем не менее здешнее население даже в последние десятилетия плавно, но неуклонно росло. Сегодня в городке живут и работают около семи с половиной тысяч человек, в том числе многие космонавты и их семьи, а также подавляющее большинство сотрудников ЦПК. Прогуливаясь по Звездному, непременно увидите старые советские многоэтажки 1970–1980-х с барельефами первых космонавтов. Несколько в стороне — «пузатые» коттеджи, выстроенные по американским стандартам уже в 1990-е для астронавтов НАСА и других зарубежных космических агентств. Не миновать аллеи Героев с портретами. Она ведет к бронзовому Гагарину с отведенной назад рукой, в которой зажата бронзовая ромашка для супруги Валентины. По аллее, возлагая цветы русскому покорителю космоса, проходят все, кто отправляется отсюда на космодром. Здесь же торжественно встречают вернувшихся на Землю.

[…] 7 марта 1960-го после жесткого многоступенчатого отсева (из почти трех с половиной тысяч претендентов выбрали двадцать человек!) был сформирован первый отряд космонавтов. Кроме прочего все они отвечали заданным физическим кондициям: не старше 35 лет, не выше 175 сантиметров, не тяжелее 75 килограммов. Такие ограничения обуславливались конструкцией первого пилотируемого космического корабля «Восток». […]

Запустивший в 1957 году первый искусственный спутник Земли Советский Союз несколько лет продолжал опережать в этой области американских конкурентов. После нескольких «летально-орбитальных» запусков четвероногих друзей более удачливые дворняги Белка и Стрелка, покрутившись больше суток на орбите, вернулись живыми и здоровыми. 9 марта 1961-го на корабле «Восток ЗКА №1» в космос успешно слетали и приземлились собака Чернушка и манекен Иван Иванович. На очереди был запуск на орбиту человека, причем срочный: американцы дышали в затылок, и Политбюро торопило.

Как именно следовало готовить первых космонавтов, никто толком, включая Сергея Королева, не знал. За основу взяли методику подготовки летчиков для первого советского сверхзвукового истребителя МиГ-19.

Важнейшими критериями помимо интеллектуальных и волевых качеств кандидатов на полет в космос становились факторы выносливости. Поэтому главными экспертами на том этапе подготовки в ЦПК оказались военные медики, разрабатывавшие и контролировавшие тренировки-испытания. […]

В группу подготовки к первому полету из двадцати членов отряда космонавтов отобрали шестерых: Валентина Варламова […], Юрия Гагарина, Андрияна Николаева, Павла Поповича, Германа Титова, Анатолия Карташова […]. Все они в январе 1961-го сдали теорию и практику по управлению космическим кораблем и поведению в нештатных ситуациях.

Уже тогда были созданы основные тренажерные комплексы, где постепенно отрабатывалась методика тренировок. Будущих космонавтов крутили в центрифуге, трясли на вибростенде, проверяя вестибулярный аппарат и выносливость к перегрузкам. Испытывали в барокамере реакцию на кислородное голодание и нештатные изменения газового состава воздуха. Парней на много суток оставляли в сурдокамере в полной тишине и одиночестве, с ограниченным сном. В теплокамере меняли температуру и влажность, изучая стойкость человека к резкому нагреву аппарата при спуске на Землю. Для имитации невесомости членов отряда отправляли на самолете Ту-104 по специальной траектории — «параболе Кеплера»: на борту на короткое время создавалась микрогравитация, в условиях которой кандидаты проходили вестибулярные пробы. В тренировки включались прыжки с парашютом, курс выживания в экстремальных условиях: правила эвакуации из приземлившегося корабля, способы ориентировки на местности, ловли рыбы, отпугивания диких зверей, передачи сигнала о помощи. К слову, эти навыки весьма пригодились в 1965-м экипажу Павла Беляева и Алексея Леонова, которым из-за отказа автоматики пришлось на ручном управлении приземлиться в глухой заснеженной тайге на севере Пермской области.

Испытательные нагрузки на членов первого отряда космонавтов были значительно больше тех, что выпали их коллегам в дальнейшем: все возможные ситуации полета старались отработать по максимуму, «с запасом». И это понятно — шли в неведомое!

Первая трагедия случилась за три недели до полета Гагарина. Самый молодой член отряда Валентин Бондаренко из-за нелепой случайности погиб во время тренировки в барокамере с повышенным содержанием кислорода. Пропитанный спиртом кусок медицинской ваты попал на электроплитку, после чего моментально вспыхнул объемный пожар...

[…] После трагической гибели Юрия Гагарина в апреле 1968-го Центру подготовки космонавтов присвоили его имя. Сам же Зеленый городок стал официально называться Звездным (в обиходе его так именовали уже несколько лет).

С 1966 года в ЦПК начали готовить к полетам на корабле «Союз» к станциям «Алмаз» и «Салют», а также к высадке на Луну. В 1969 году центр обрел статус Научно-исследовательского испытательного института. Политика разрядки 1970-х проторила дорожки в секретный городок для иностранных кандидатов в космонавты — не только из братских (на тот момент) Болгарии, Венгрии, ГДР, Вьетнама, Кубы, Монголии, Польши, Румынии, Чехословакии, но и из прочих государств, включая членов НАТО.

Советско-американская программа «Союз-Аполлон», как казалось тогда, задала правильный вектор международного сотрудничества в космосе. Продолжилось оно совместными экспедициями на орбитальную станцию «Мир». Многие американские астронавты помимо тренировок в Космическом центре имени Джонсона в Хьюстоне проходили подготовку в ЦПК — не только для того, чтобы изучить российскую орбитальную технику, но и чтобы стать суперпрофессионалами: Звездный городок до сих пор не утратил своего исключительного значения.

Его старожилы помнят многое: и лучезарную улыбку Гагарина, и всеобщие слезы после известия о его гибели, радости космических побед и горестные проводы Комарова, Добровольского, Волкова, Пацаева; а еще — ужимки лизоблюдства после смерти Брежнева, когда космограду пытались присвоить имя покойного генсека, мутную неразбериху 1990-х с попытками зарабатывать на чем можно и нельзя...

Сегодня Федеральное государственное бюджетное учреждение «Научно-исследовательский испытательный центр подготовки космонавтов имени Ю.А. Гагарина» продолжает готовить мужчин и женщин к полетам в космос. Иностранцев — в том числе, хотя в ситуации нынешнего противостояния, практически войны с западными странами былая идиллия «космического интернационала вопреки всему» тает на глазах.

Экскурсанты в ЦПК по-прежнему могут приобщиться к славной истории в Музее космонавтики, подивиться на чудовищную «гантелю» большой центрифуги (способной развить скорость до 270 км/ч и перегрузки до 30G), покрутиться пару минут в «кресле Кориолиса», прозванном Тошнотиком, впечатлиться огромным бассейном с утопленной в нем МКС (тут в имитации невесомости отрабатываются выходы в космос), а еще погрустить возле копии действительно утонувшей в океане станции «Мир». И если повезет — повстречаться с живыми космонавтами...

Хочется верить, что все это не превратится однажды в музей былых космических достижений и уже полузабытой сегодня звездной мечты.

https://portal-kultura.ru/articles/history/367749-kosmos-nachinaetsya-zdes-kak-sozdavalsya-65-let-nazad-tsentr-podgotovki-kosmonavtov/

Задание 1. Отметьте верные утверждения.

1. Центр подготовки космонавтов был около 70 лет назад.	верно	неверно
2. Звездный городок всегда был открыт для туристов и жителей.		
3. Первоначальные ограничения для кандидатов в космонавты включали требования по росту и весу.		
4. В 1990-е годы для астронавтов НАСА были построены стандартные коттеджи по американским стандартам.		
5. В 1961 году Юрий Гагарин был одним из первых, кто успешно прошел подготовку к полету.		
6. Валентин Бондаренко погиб во время тренировки в барокамере из-за пожара.		

Задание 2. Выберете все возможные верные варианты ответов.

1. Какие из следующих утверждений верно описывают Звездный городок в Советское время?	a. Звездный городок был строго секретным, с ограниченным доступом и пропускным режимом. b. Звездный городок был известен за пределами Советского Союза как культурное и образовательное учреждение. c. В Звездном городке проводились массовые экскурсии для иностранных граждан.
2. Что из следующего наиболее точно характеризует трудности, с которыми столкнулись первые космонавты в процессе подготовки?	a. Кандидаты должны были пройти сложные испытания, в том числе тренировки в экстремальных условиях. b. Кандидаты прошли только теоретические занятия без физической нагрузки. c. Эксперты считали подготовку кандидатов легкой, так как техника полета была хорошо продумана.
3. Что означает фраза "космический интернационал вопреки всему", использованная в тексте?	a. Призыв к мирному сотрудничеству между странами в космической области. b. Подчеркивание уникальной роли СССР в космической гонке, несмотря на политические трудности.
4. Почему Центр подготовки космонавтов до сих пор является уникальным объектом?	a. Он стал центром международного сотрудничества в космической области. b. Он является важнейшим объектом для подготовки космонавтов, несмотря на политические и экономические изменения. c. Он стал мировым культурным центром, привлекающим туристов.

Test #7

В музее Льва Толстого представили новый этап цифрового проекта «Слово Толстого»

Виртуальный путеводитель по наследию писателя позволяет путешествовать по огромному корпусу его текстов и видеть главные события жизни Толстого в интерактивном календаре.

«Слово Толстого» имеет многолетнюю историю. В 2013 году музей Л.Н. Толстого и компания ABBYY объявили о старте проекта «Весь Толстой в один клик», целью которого было создать электронную версию первого и единственного полного собрания сочинений Льва Николаевича Толстого в 90 томах, подготовленного в 1928 — 1958 годах и давно ставшего библиографической редкостью. Фекла Толстая, праправнучка писателя и руководитель проекта «Весь Толстой в один клик» напомнила, что Толстой всегда мечтал, чтобы у читателей был бесплатный доступ к его произведениям, современные технологии позволяют выполнить его волю. В электронный формат были переведены не только известные произведения Толстого, но и редкие тексты, включая дневники, письма, а также публицистические и философско-религиозные сочинения.

Выполнить эту огромную работу помогли волонтеры: сразу после запуска авторы проекта обратились к интернет-сообществу с просьбой помочь вычитать тома, чтобы исключить ошибки, возникающие при оцифровке. На просьбу откликнулись три с половиной тысячи человек из 49 стран мира: они регистрировались на специально созданном сайте readingtolstoy.ru, скачивали программу распознавания текста ABBYY FineReader, проверяли свой отрезок текста и общались друг с другом в соцсетях. По словам Владимира Толстого, нынешнего директора музея Л. Н. Толстого, внешне процесс выглядел как игра: кто первый финиширует, кто больше страниц вычитает. Но результат этой игры серьезный: за восемнадцать месяцев специалисты ABBYY в партнерстве с компанией Wexler создали 761 электронную книгу: одну для каждого тома (девяносто плюс один том с указателями) и 670 для отдельных произведений.

Два года назад группа Tolstoy Digital, которой руководит Фёкла Толстая, запустила новый проект: на сайте slovotolstogo.ru была создана удобная навигация по обширному наследию классика, она действует примерно так же, как расширенный поиск Яндекса. Поиск по словам, скажем честно, затягивает: вводишь в поисковую строку любое слово, например «гири» (Толстой был к ним неравнодушен, занимался до старости и сказал однажды, что в былые годы поднимал одной рукой пять пудов), и выпадает сразу несколько кусков разных текстов. Три из них из «Анны Карениной». Вот, например: «… он подошел к углу, где у него стояли две пудовые гири, и стал гимнастически поднимать их, стараясь привести себя в состояние бодрости. За дверью заскрипели шаги». Кликнув на строчку, выходишь на страницу романа, видишь, кто поднимал гири (Левин), и в какой ситуации. А потом и вернуться к началу романа, чтобы в очередной раз перечитать его целиком. Еще одна «затягивающая» ссылка — на том с неоконченными произведениями, здесь гири появляются в набросках к роману о Петре I, который Толстой начинал писать в 1870-х годах. Тут тоже можно кликнуть на стрелочку и увидеть основной текст этого недописанного романа, и его план, и варианты, и комментарий исследователя. Оторваться трудно.

Что появилось на сайте в этом году? Раздел «Библиотека о Толстом», в котором две части: в одной — статьи о творчестве писателя, комментарии к его произведениям, в другой — книги о нем людей из ближнего круга. Здесь и «Вблизи Толстого» пианиста Александра Гольденвейзера, который был постоянным собеседником Толстого в течение пятнадцати лет, и «Яснополянские записки» Душана Маковицкого, доктора семьи Толстых, сопровождавшего Льва Николаевича в его бегстве из Ясной Поляны и присутствовавшего при его кончине, и дневники Софьи Андреевны Толстой.

Сайт сделан так, что на нем могут найти что-то полезное для себя и профессионалы, и школьные преподаватели или родители школьников (есть полезнейшие инструкции, например «Как читать «Войну и мир» в школе) и просто любопытствующие, вышедшие на slovotolstogo.ru случайно. Видишь на карточке фразу: «Жить уже положительно дешевле везде, чем в Москве». Ну как не заглянуть? А это, оказывается, статья о первой поездке Толстого за границу, с выдержками из его писем родственникам. О путешествии по железной дороге, о парижской жизни и том жутком случае, который определил отношение писателя к смертной казни.

Еще один раздел, похожий на игру, — интерактивный календарь жизни Толстого: на маленьких карточках выплывают сжатые до нескольких строк сообщения о наиболее важных событиях из его биографии. Можно выбрать любое, чтобы узнать о случившемся более подробно, увидеть фотографию или отрывок дневниковой записи, к которой добавлены поясняющие комментарии Павла Басинского, Юрия Сапрыкина, Андрея Зорина, Владимира Толстого и Феклы Толстой.

Стратегическая цель «Слова Толстого», как говорит Анастасия Бонч-Осмоловская, руководитель направления «Цифровые словари» портала «Грамота.ру» и участник команды Tolstoy Digital, — создать экосистему, где Толстой будет связывать разные события и разных людей. А смысл проекта, наверное, в том, чтобы люди больше читали Толстого, искали и находили в его книгах, письмах и дневниках ответы на те вопросы, которые их волнуют. Например, на такой вопрос: «Как жить?» у Толстого есть ответ — в одном из писем.

https://portal-kultura.ru/articles/books/366905-v-muzee-lva-tolstogo-predstavili-novyy-etap-tsifrovogo-proekta-slovo-tolstogo/

Задание 1. Отметьте верные утверждения.

	верно	неверно
1. В создании электронных книг Толстого участвовали только профессиональные редакторы и лингвисты.		
2. Интерактивный календарь жизни Толстого предоставляет краткие сведения о событиях его биографии, но без возможности узнать подробности.		

3.	Толстой в своей жизни не интересовался физическими упражнениями.		
4.	Проект «Слово Толстого» создан исключительно для ученых и исследователей.		
5.	Одна из целей проекта — привлечь внимание людей к творчеству Толстого и помочь им находить ответы на важные вопросы.		

Задание 2. Выберете все возможные верные варианты ответов.

1.	В чём заключается основная цель проекта?	a.	Цифровизация и доступность литературного наследия Толстого.
		b.	Популяризация творчества Толстого среди молодежи.
		c.	Создание платформы для литературной критики Толстого.
		d.	Привлечение внимания к биографии Толстого.
2.	Какая фраза из текста содержит элемент легкой иронии?	a.	«Фекла Толстая напомнила, что Толстой всегда мечтал, чтобы у читателей был бесплатный доступ к его произведениям».
		b.	«Поиск по словам, скажем честно, затягивает».
		c.	«На сайте могут найти что-то полезное для себя и профессионалы, и школьные преподаватели».
		d.	«Толстой был к ним (гирям) неравнодушен, занимался до старости и сказал однажды, что в былые годы поднимал одной рукой пять пудов».
3.	Какой эффект создаёт сравнение работы волонтёров с игрой?	a.	Подчеркивает несерьезное отношение к проекту.
		b.	Демонстрирует азарт и энтузиазм участников.
		c.	Показывает механический характер работы.
		d.	Намекает на то, что работа не требовала усилий.
4.	Какая идея объединяет все описанные в тексте проекты?	a.	Возрождение интереса к русской классической литературе.
		b.	Создание новой системы литературного образования.
		c.	Коммерциализация наследия Толстого.
		d.	Политизация образа Толстого в современной культуре.

Test #8

Риск ради лидерства — оправдан

В новом экономическом цикле Россия серьезно повышает ставки — уже к 2030 году стране предстоит выйти в лидеры по разработке и внедрению высоких технологий. Планка высокая, но взять ее особенно важно — и в пику санкциям, и, что важнее, для повышения качества жизни людей. По мнению профессора Российского экономического университета имени Г. В. Плеханова, заведующего кафедрой финансов устойчивого развития, директора Высшей школы финансов Константина Ордова, для успеха потребуется и энергия бизнеса, и готовность государства к разделению рисков.

«Наступающий год станет ключевым для запуска нового этапа технологического развития нашей страны», — подчеркнул Владимир Путин на Совете по нацпроектам. Во многом Россия уже доказала, что в технологиях не просто способна конкурировать с другими странами, а может быть лидером. Чтобы в этом убедиться, достаточно зайти на портал Госуслуг или в приложение банка — все быстро, удобно, онлайн. Мы настолько привыкли к этим цифровым благам, что уже даже не замечаем, от какого количества рутины они освободили нас в быту, и какую свободу подарили в плане распоряжения своим временем.

Очевидно, что такой проект, как Госуслуги за частные деньги не был бы создан никогда. На нем нельзя заработать. Но он повышает качество жизни людей. И в этом отношении государственные инвестиции более чем оправданы. С другой стороны, у нас есть маркетплейсы, службы такси, которые де факто смогли достичь конкурентного на международной арене уровня, активно осваивая рынки ближнего и дальнего зарубежья. То есть эффективными в цифровой среде государство и бизнес могут быть по отдельности. Но самый мощный синергический эффект может дать их совместная работа.

За взаимодействие между государством и бизнесом у нас отвечают институты развития, в частности, ВЭБ.РФ. Как было объявлено президентом на Совете по нацпроектом, председатель ВЭБа будет координировать организации развития для достижения задач национальных целей. У ВЭБ.РФ есть масса инструментов поддержки совместных проектов власти и бизнеса. Это механизмы государственно-частного партнерства, участие в капитале и поддержка несырьевого экспорта. И, конечно же, проектное финансирование.

Что могут институты развития? В первую очередь в диалоге с правительством убирать бюрократические барьеры для бизнеса. Хороший пример — услуги по принципу одного окна. А еще привлекать частные инвестиции к реализации проектов, имеющих приоритетное значение для государства. Успешных примеров такого взаимодействия много: в производстве, экспорте, инфраструктуре, в том числе, в высокотехнологичных проектах.

Небольшой пермский стартап Promobot, получивший в 2015 году поддержку от Сколково, а затем от Корпорации МСП и Российского экспортного центра (все входят в Группу ВЭБ.РФ), сегодня поставляет своих роботов в 44 страны мира, где они заменяют администраторов, промоутеров, консультантов, гидов и консьержей.

Это один из успешных кейсов. Для сравнения, в том же 2015 году всего девять человек начали работать в американской научно-исследовательской организации OpenAI, чьим продуктом — ChatGPT— сегодня пользуется весь мир. В сфере технологий чемпион может вырасти довольно быстро.

Визионерские проекты в цифровой экономике — это сфера «единорогов», которых в мире становится все больше. «Единорогами» считаются компании, достигшие оценки 1 млрд долл. не более чем за десять лет с момента основания, не выходившие на IPO и как минимум на 25% сохраняющие собственников-основателей. По данным Института статистических исследований и экономики знаний НИУ ВШЭ, с 2021 года число таких компаний почти удвоилось — с 962 до 1 658 к середине 2024-го.

Тренд на развитие технологий — мировой. Китайские стартапы активно растут, опираясь и на гигантский потенциал внутреннего рынка, и на экспортное плечо. В США стартапам доступны практически неограниченные финансовые ресурсы венчурных и инвестиционных фондов.

Россия тоже следует тренду. Правительство не так давно предложило на законодательном уровне закрепить за ВЭБом и другими институтами так называемое «право на риск». Это позволит оценивать результаты в целом по портфелю проектов, не опасаясь единичных провалов, которые в случае с венчуром неизбежны. Правда, для этого инвесторам и исполнителям придется соответствовать целому набору требований. Но это и оправдано — цели государства и бизнеса должны совпадать. И сходятся они в повышении качества жизни людей — как по результатам отдельных проектов, так и глобальной задачи обеспечения лидерства страны в передовых областях. И риск ради такой цели абсолютно оправдан!

https://aif.ru/society/opinion/risk-radi-liderstva-opravdan

Задание 1. Отметьте верные утверждения.

	верно	неверно
1. Россия планирует стать лидером в разработке и внедрении высоких технологий к 2025 году.		
2. Стартап Promobot, начавший свою деятельность в Перми, в настоящее время экспортирует свою продукцию в десятки стран мира.		
3. Китайские стартапы развиваются исключительно за счет экспортного рынка.		
4. «Право на риск» позволит российским институтам развития не бояться единичных неудач при инвестировании в технологические проекты.		
5. В статье утверждается, что государство и бизнес могут быть эффективными только в сотрудничестве, а по отдельности они не способны добиваться значимых результатов.		

Задание 2. Выберете все возможные верные вариантов ответов.

1.	Какова основная цель России в новом экономическом цикле?	a. b. c. d.	полностью заменить импортные технологии стать мировым лидером по разработке и внедрению высоких технологий уменьшить государственные инвестиции в цифровую сферу привлечь больше иностранных инвесторов
2.	Какой из предложенных синонимов лучше всего передает значение слова «визионерский» в тексте?	a. b. c. d.	практичный амбициозный обыденный осторожный
3.	Почему, по мнению автора, «Госуслуги» нельзя было бы создать за частные деньги?	a. b. c. d.	частные инвесторы не видят в нем прибыльного потенциала разработка требовала слишком больших затрат проект изначально финансировался из государственного бюджета он не отвечает потребностям рынка
4.	Какой главный вывод делает автор статьи?	a. b. c. d.	Государство должно взять на себя всю ответственность за технологическое развитие. Частный бизнес способен обеспечить технологическое лидерство без участия государства. Только сотрудничество государства и бизнеса приведет к успеху в высоких технологиях. Россия должна ориентироваться исключительно на внутренний рынок.

Test #9

Едущие вместе: будущее за общественным транспортом

Почти половина россиян (42%), по данным Росстата, предпочитают передвигаться по городу на общественном транспорте. И с высокой вероятностью эта цифра будет расти. Аргументом в пользу трамваев, электро- и автобусов, а также электричек в последние несколько лет стали не только доступность стоимости проезда по сравнению, например, с личным авто, но и уровень комфорта. О том, в какую сторону движется развитие транспорта в наших городах, — доктор технических наук, директор Института транспортного планирования Михаил Якимов.

Хотя в России нет двух одинаковых городов, запросы людей будут схожими. Парк машин должен быть относительно новым, стоимость проезда приемлемой, а с пробками и вредными выхлопами нужно бороться и желательно побеждать. Вопросов много, но, как показывает опыт, все они решаемы. Правда, для этого важно объединить усилия власти и бизнеса.

Расширить транспортный узел

Работа над тем, чтобы городской автобус, троллейбус или трамвай был востребован горожанами, комплексная. Её результат зависит от множества факторов: состояния маршрутной сети и остановок, периодичности движения транспорта, доступности разных способов оплаты и т. д. Каждое направление требует привлечения ресурсов — прежде всего финансовых, а также знаний/компетенций. Для ответа на эти вызовы далеко не у каждого города достаточно собственных средств.

В решении транспортного вопроса хороший опыт у ВЭБ.РФ. Закупка автобусов или трамваев, развитие маршрутной сети — проекты с долгим сроком окупаемости. Реализация таких крупных инициатив в одиночку городскому и региональному бюджету часто не под силу, ведь при этом необходимо решать и другие социальные задачи. В помощь городам и регионам реализуется правительственная программа обновления транспорта. ВЭБ предоставляет городам средства как на обновление подвижного состава и инфраструктуры, так и на благоустройство территорий с остановками. Например, в рамках правительственной программы институт развития направил 15,3 млрд руб. на модернизацию электротранспорта в девяти городах России. Из них 1,4 млрд — средства Фонда национального благосостояния. Важно, что участие в такой программе позволяет решить вопрос комплексно (новые низкопольные трамваи пойдут по новым бесшумным рельсам) и оперативно, а возврат средств в таких проектах предусмотрен в течение нескольких лет.

Ещё один важный фактор — уровень экспертизы. Наш институт развития привлекает специалистов высокой квалификации — они могут собрать проект под ключ, задействовать меры господдержки, обеспечить поставки современной техники и программных продуктов (например, для оптимизации транспортных потоков), уже доказавших свою эффективность в других городах. Тут опять же работает эффект масштаба — участие в проекте федерального уровня становится более интересным и для коммерческих кредиторов, и для производителей транспорта.

Особенный путь

Выстроить дорогу к комфортному и современному общественному транспорту для российских городов и горожан нам предстоит собственными силами и умом. Перенять зарубежный, в частности, европейский, опыт не получится. Наши страны и города, а значит, и их транспортные системы развивались по-разному. Нидерланды, Бельгия, Франция и другие страны ЕС сначала создали основную транспортную инфраструктуру, а уже потом столкнулись с проблемой пробок из-за роста популярности личных автомобилей. Мы же масштабным строительством трамвайных путей, расширением дорог и обновлением транспорта занялись в последние два десятилетия, когда у страны появились для этого силы и ресурсы.

Хорошие примеры того, как грамотно выстроить транспортную систему, не обязательно искать за границей. Показателен опыт Перми, где был реализован один из первых проектов обновления городского транспорта. Там внедрили современные решения (оптимизация маршрутной сети, электронные проездные), обновили автобусный парк и добились при этом снижения и расходов, и аварийности. Общие затраты на работу транспортной системы Перми составляют порядка 8–9 млрд руб., а выпадающие доходы, то есть расходы городского бюджета на покрытие недополученных платежей, — около 1 млрд руб. Это очень хороший показатель.

Отлично зарекомендовала себя и система брутто-контрактов. В результате её внедрения перевозчики не устраивают гонки за пассажирами, а ориентированы на чёткую и точную работу на маршрутах. И подобных удачных проектов в российских городах немало — это и Пермь, и Новокузнецк. Отмечу также Таганрог, где впервые реализовали масштабную трамвайную концессию. Рынку был показан пример, и теперь интерес к трамвайным проектам в городах очень высокий. Такой транспорт надёжен, безопасен и экологичен, а риск попасть в пробку — минимален.

Разумеется, прокладывать трамвайные пути в каждом первом городе было бы нелепо — необходимо учесть специфику территории, выбрать опорный транспорт. Метро оправдано в мегаполисах, для средних же городов больше подойдёт трамвай или электробус, а в малых зачастую логично использовать автобусы небольшой вместимости. Но независимо от размеров городов, ряд вопросов нужно решать на упреждение. Например, процесс разработки/изменения маршрутов и остановок общественного транспорта логично вести ещё на стадии планировки жилых районов. Ведь сокращение времени в пути по маршруту дом — работа — дом выгодно и городу, и его жителям.

Уверен, что будущее городов — за общественным транспортом. Но выбор в пользу трамвая, электробуса или метро вместо личного авто пассажир должен сделать сам. И если этот путь будет более выгодным, комфортным и экологичным, он станет главной дорогой.

https://aif.ru/society/opinion/edushchie-vmeste-budushchee-za-obshchestvennym-transportom

Задание 1. Отметьте верные утверждения.

	верно	неверно
1. В России более половины населения предпочитают передвигаться на личном автомобиле.		
2. Развитие общественного транспорта требует сотрудничества властей и бизнеса.		
3. Российские города финансируют транспортные проекты исключительно за счёт местных бюджетов.		
4. Опыт европейских стран можно легко перенести на российскую транспортную систему.		
5. В России метро строится во всех городах, независимо от их размера.		
6. Будущее российских городов, по мнению автора, за общественным транспортом.		

Задание 2. Выберете все возможные верные варианты ответов.

1. Какой основной аргумент в пользу общественного транспорта упоминается в тексте?	a. высокая стоимость личного авто b. экологичность и удобство общественного транспорта c. запрет на личные автомобили в центре города d. популярность велосипедов
2. Какой фактор, согласно тексту, играет ключевую роль в улучшении общественного транспорта?	a. исключительно государственное финансирование b. совместные усилия властей и бизнеса c. импорт зарубежного опыта без изменений d. увеличение количества маршрутных такси
3. Почему в России нельзя полностью применить европейский опыт развития общественного транспорта?	a. Российские города развивались по-другому. b. В Европе нет пробок. c. В России нет опыта строительства метро. d. В Европе общественный транспорт платный.
4. Какой вывод можно сделать из текста?	a. В будущем в России останется только общественный транспорт. b. Развитие транспорта требует комплексного подхода. c. Россия должна полностью перенять европейский опыт. d. Личный транспорт станет основным способом передвижения в России.

Test #10

«Тарифы — это приглашение к диалогу»

Если представлять Трампа в роли этакого американского ковбоя, то вместо револьвера у него будет тарифная сетка. Во всяком случае, судя по первым двум неделям президентства, именно тарифы являются его естественной реакцией на любую, даже гипотетическую угрозу. Колумбия не хочет принимать своих нелегалов? Введем тарифы. Мексика и Канада не борются с мигрантами? Накажем тарифами.

И, конечно, странам БРИКС тоже светят тарифы в 100% за то, что посмели покуситься на его величество доллар.

Тут важно отметить, что Дональд Трамп не совсем в курсе, о чем говорит и даже не очень представляет, какие страны состоят в БРИКС. Буквально неделю назад он высказал мнение, что и Испания входит в блок, и тогда же анонсировал увеличение пошлин против альянса. Правда, в тот раз он не уточнил за что, а в минувшую пятницу, 31 января, уже посвятил проблеме целый пост в своей соцсети Truthsocial.

«Идея о том, что страны БРИКС пытаются отказаться от доллара, а мы просто стоим и смотрим, закончена. Мы потребуем от этих, казалось бы, враждебных государств четкого обязательства не создавать новую валюту и не поддерживать никакую другую валюту, способную заменить могущественный американский доллар. В противном случае их ждут тарифы в 100%, и им придется попрощаться с возможностью продавать свои товары на великолепном американском рынке»,— написал президент. И по-свойски подытожил: «Пусть ищут другого лоха».

Объективно говоря, получается, как в анекдоте про «не выиграл, а проиграл и не в лотерею, а в казино». Страны БРИКС не планировали и не обсуждают введение какой-то единой валюты. На последнем саммите в Казани вопросы расчетов в национальных валютах, конечно, обсуждались, но этот процесс трудно назвать созданием новой денежной единицы. Более того, как показывают исследования, несмотря на громкие слова лидеров стран Глобального Юга, дедолларизации как явного тренда пока не наблюдается, и позиции американской валюты более чем устойчивы. Скорее наоборот, США сами отключают некоторые страны от доллара, как это произошло, например, с Россией в рамках санкционного режима.

Но тут Трампу стоит не Москву винить, а свой Минфин спросить. Кстати, в Кремле тоже поспешили выступить с опровержением. «В БРИКС не идет речь о создании общей валюты. В БРИКС говорят о создании новых совместных инвестиционных платформ, которые позволят осуществлять инвестиции в третьи страны, взаимные инвестиции и так далее»,— пояснил пресс-секретарь президента Дмитрий Песков и призвал экспертов разъяснить этот момент Трампу.

Хотя объяснять ничего не надо. Тарифы в исполнении американца — не решение, а своеобразное приглашение к диалогу. Мол, не хотите санкций, ну, так давайте сядем и поговорим. Это буквально читается между строк. Причем договариваться возможно по совсем другим вопросам, не имеющим прямой связи с заявленной проблемой. Например, можно обсудить с Пекином проблему Тайваня, с Москвой украинский конфликт, а с Индией и обсуждать нечего. Представитель Дели сразу заявил, что никакой политики или стратегии отказа от доллара у Индии нет.

https://www.kommersant.ru/doc/7477924

Задание 1. Отметьте верные утверждения.

	верно	неверно
1. Дональд Трамп видит тарифы как основной инструмент реагирования на потенциальные угрозы.		
2. Трамп точно знает, какие страны входят в БРИКС.		
3. Страны БРИКС официально объявили о создании новой единой валюты.		
4. На последнем саммите БРИКС в Казани обсуждался полный отказ от доллара в международных расчетах.		
5. США сами отключили некоторые страны от доллара, включая Россию, в рамках санкционной политики.		

Задание 2. Выберете все возможные верные варианты ответов.

1. Какой основной инструмент использует Трамп в своей политике, согласно тексту?	a. санкции b. тарифы c. дипломатические переговоры d. прямые военные угрозы
2. Как Трамп охарактеризовал страны БРИКС в своем посте?	a. друзья и союзники США b. казалось бы, враждебные государства c. потенциальные партнёры в торговле d. экономические лидеры Глобального Юга
3. Как можно охарактеризовать тон текста?	a. официально-аналитический b. информативный c. ироничный с элементами сарказма d. драматичный и эмоциональный
4. Какой смысл заложен в фразе «Пусть ищут другого лоха» в контексте поста Трампа?	a. США больше не собираются терпеть отказ от доллара b. США предлагают БРИКС сотрудничество на выгодных условиях c. Трамп признает слабость американской экономики d. Трамп приглашает БРИКС к обсуждению новых инвестиционных проектов

Test #11

Татьяна Бакальчук — Forbes: «Эти рейтинги тщеславия мне абсолютно не важны»

Татьяна Бакальчук — основательница Wildberries и самая богатая женщина России. В 2024 году она заняла 22-е место в рейтинге миллиардеров Forbes — это на пять позиций ниже, чем годом ранее. Как Бакальчук отвечает на критику продавцов и клиентов, почему она стала чаще давать интервью и как она отнеслась к потере $1,4 млрд?

Когда-то Бакальчук преподавала английский язык, но, находясь в первом декретном отпуске, решила начать свой бизнес. Она стала продавать одежду из каталогов, а уже в 2004 году вместе с мужем Владиславом создала сайт онлайн-торговли. Сейчас Wildberries занимает второе место в рейтинге самых дорогих компаний Рунета по версии Forbes. Издание оценивает стоимость компании в $7200 млн. От коробок с заказами в небольшой московской квартире Wildberries вырос до складов, общая площадь которых — 2,8 млн кв. м. Помимо этого, Татьяна Бакальчук занимает первую строчку рейтинга богатейших self-made женщин России — тех, кто добился успеха в бизнесе самостоятельно или активно участвовал в семейном деле, но не получил его по наследству.

Бакальчук рассказывает, что для нее приоритетнее развитие компании и социальная ответственность, нежели высокие позиции в «рейтингах тщеславия».

«Для меня неважно, что Forbes меня отправили на какое-то место. Мы ведь говорим просто про оценку [стоимости] компании. Я понимаю, как ваши рейтинги формируются, знаю, почему нас на 22-е место поставили — из-за пожара в Шушарах. Но мне важнее смотреть на финансовые показатели внутри Wildberries. Я вижу, что мы растем, безубыточная компания. Я не заметила [что потеряла $1400 млн]. У меня нет никакого сейфа, откуда я эти деньги достаю. Но если Forbes сделает рейтинг по импакту, который оценит реальный вклад и пользу для человечества, и я не попаду в топ-10 — мне будет обидно. Мы все хотим, чтобы после нас что-то осталось. И это не про количество нулей».

В мае 2024 года РБК узнал о кадровых перестановках в Wildberries: к управлению компанией привлекли Ольгу Наумову, бывшего топ-менеджера «Магнита» и «Пятерочки». Она станет исполнительным директором Wildberries. Бакальчук комментирует это назначение так:

«Я была, есть и буду главным управляющим органом Wildberries. Я просто приняла решение, что нам нужно как-то структурировать нашу бирюзовую компанию. Хочется сохранить нашу культуру «необычности», но при этом выстроить четкую организацию, чтобы мне было легче управлять. Ольга Наумова вышла к нам в правление одним из исполнительных директоров. Вероятно, через какое-то время могут еще присоединиться люди с рынка. Я считаю Ольгу Наумову одним из лучших управленцев. И мне пришло много поздравлений после ее назначения. Естественно, она со своими устоявшимися принципами. Но я думаю, что у нас цели совпадают — мы хотим сделать компанию великой. Как-то притремся, все будет хорошо».

За последний год основательница Wildberries стала все чаще давать интервью СМИ и участвовать в публичных мероприятиях. Как уверяет она, это осознанный шаг: «Мне было ужасно обидно, что люди думают про меня то, что не является действительностью. Поэтому я приняла решение, что мне надо перестать прятаться и пойти людям доносить свою точку зрения. Если что-то триггерит, значит, иди и разберись с этим. Недавно ваши коллеги из РБК спросили, как у меня дела. Я рассказала, что решила идти в публичность, а они мне ответили: «Отлично, вы задолжали публичности, публичность вас заждалась».

Компания редко надолго уходит из заголовков СМИ. Маркетплейс часто становится участником скандалов: от забастовок сотрудников и недовольных покупателей до пожаров. Однако Бакальчук считает, что тех, кто критикует компанию, меньше, чем довольных деятельностью Wildberries людей:

«Когда ты благодарен, ты это не напишешь. Если тебе что-то неудобно или плохо, ты это пойдешь и выскажешь. Негатив — это проценты, а позитива к нам — огромное количество. Мне кажется, люди нас любят. Когда случился пожар в Шушарах, мы просто поразились, насколько люди все-таки благодарны нам за то, что мы создали такую площадку, потому что столько было пожеланий, люди говорили, что им не надо деньги возвращать. А вот у тех, кто выражает негатив, основная проблема в том, что их просто не слышат. Поэтому сейчас хотим переделать работу с обратной связью. Есть огромная масса людей, которые с нами зарабатывают деньги, но они не ходят и публично не орут. Так делают только те, кто не знает, как до нас достучаться и решить вопрос, либо мошенники. Кстати, про нас говорили, что нужно отдать должное Wildberries: если они заметили свою ошибку, они откатывают без сожаления и быстро».

Бакальчук любит юмор о своей компании и, как она рассказывает, собирает коллекцию из «народного творчества»:

«Когда мы начали делать ПВЗ (пункты выдачи заказов. — Forbes), кто-то пошутил, что понял стратегию Wildberries — ПВЗ должны быть не просто на каждой улице, а в каждом подъезде. Мы собираем мемы про себя. Например, Павел Воля сказал, что никто не видел грузовики Wildberries на улицах города. Дальше пауза, и он говорит: «Такое ощущение, что они товары в ПВЗ доставляют прямиком из ада». Это же смешно».

По словам Бакальчук, управление компанией сейчас строится по принципу холакратии — децентрализации власти, которая позволяет выстроить иерархию в компании таким образом, чтобы каждый сотрудник мог влиять на рабочий процесс и обладал полной властью в рамках своей роли. Из самых важных проблем в корпоративной культуре основательница маркетплейса выделяет отсутствие баланса между рабочей и личной жизнью:

«С одной стороны, можно рассказывать, какая у нас классная команда, с другой стороны, наверняка найдутся люди, которые скажут, что в команде работать очень сложно. И будут правы и те и другие. У нас есть дух, который мне кажется свойственным IT-компаниям, когда ты готов 24/7 погружаться и тебя драйвит. Мы хотим, чтобы сотрудники тоже горели, как и основной костяк компании. Но также хочется, чтобы они не выгорали, поэтому мы думаем над концепцией, как работать, не работая.

Бакальчук часто говорит о том, что большое состояние ее не особо интересует, к тратам она подходит рационально. На IPO компания выходить не планирует, передавать бизнес детям у основателей тоже пока нет желания. Главная цель Бакальчук, по ее словам, — вписать Wildberries в мировую историю:

«Мы хотим стать самой крутой компанией мира, а деньги и возможности, которые ты получаешь, — это маркер, по которому ты определяешь правильный путь. Все знают Amazon, а я хочу, чтобы Wildberries тоже была вписана в мировую историю. Меня драйвит то, что я делаю вокруг себя мир лучше, не знаю, звучит это пафосно или нет, я так чувствую. Я не аскет, и если мне лететь, условно, девять часов, то я возьму бизнес-класс. Но по возможности возьму его за мили. Знаете, когда тебя догоняют на кабриолете твои продавцы, наверное, ты можешь иногда себе позволить летать бизнес-классом».

https://www.forbes.ru/rubriki-kanaly/video/513609-tat-ana-bakal-cuk-forbes-eti-rejtingi-tseslavia-mne-absolutno-ne-vazny

Задание 1. Отметьте верные утверждения.

		верно	неверно
1.	Татьяна Бакальчук была включена в список Forbes как одна из богатейших женщин мира, заняв 10-е место в 2024 году.		
2.	Wildberries начинался как семейный бизнес, который Бакальчук запустила во время первого декретного отпуска.		
3.	Бакальчук редко появляется в СМИ и избегает публичности.		
4.	Wildberries часто оказывается в центре скандалов, но Бакальчук считает, что позитивных отзывов о компании больше, чем негативных.		
5.	В Wildberries внедрена холакратия — система управления, позволяющая сотрудникам влиять на рабочий процесс.		

Задание 2. Выберете все возможные верные вариантов ответов.

1. Почему Татьяна Бакальчук начала бизнес?	a. Она не любила преподавать английский язык. b. Она хотела создать альтернативу Amazon. c. Она искала возможность работать, находясь в декретном отпуске. d. Она получила инвестиции от крупного предпринимателя.
2. Что повлияло на снижение позиции Бакальчук в рейтинге Forbes в 2024 году?	a. убытки компании Wildberries b. пожар в Шушарах c. конкуренция с Ozon и другими маркетплейсами

		d. кризис в российской экономике
3. Какова главная причина, по которой Бакальчук стала чаще давать интервью?		a. Она хочет повысить популярность Wildberries. b. Она стремится защитить свою репутацию от ложных представлений. c. Ей предложили выгодные контракты на рекламу. d. Она хочет больше внимания от Forbes.
4. Какую проблему корпоративной культуры в Wildberries отмечает Бакальчук?		a. отсутствие мотивации у сотрудников b. низкие зарплаты в компании c. дисбаланс между работой и личной жизнью d. чрезмерную бюрократию
5. Какую цель ставит перед собой Бакальчук в долгосрочной перспективе?		a. вывести компанию Wildberries на IPO b. передать управление компанией своим детям c. сделать Wildberries глобально известной компанией d. уйти из бизнеса и заняться благотворительностью

Test #12

Почему гопника можно превратить в Пушкина, а Пушкина в гопника — нет?

На петербургской премьере «Пророка» в Михайловском театре было в буквальном смысле не протолкнуться. Узкое фойе, оснащенное фуршетными столами и столиками, гудело, как пчелиный улей. И хотя от приезжих московских знаменитостей рябило в глазах, все задавали друг другу только один вопрос: «А вы Юру Борисова уже видели?» Народ сновал туда-сюда с бокалами в руках, пытаясь не пропустить новую российскую знаменитость. Даже по Ксении Собчак и Александру Петрову присутствующие равнодушно скользили взглядами, а каждая блестящая голова вызывала короткий всплеск ажиотажа. Все ждали Юру.

Еще бы — первый актер, номинированный на «Оскар» в истории современной России! Да, премия по нынешним временам вроде бы и объявлена не самой престижной, да и к жюри там есть вопросики (не у меня), но было бы глупо отрицать очевидное: после роли душевного русского гопника в фильме «Анора» Юра ворвался в мировой кинематограф практически как его знаменитый тезка Гагарин в космос. К «Аноре» можно относиться по-разному (лично мне фильм очень понравился), а вот Юру, кажется, обожает вся страна. Мы любим его за скромность и талант, добрейшую улыбку и даже за бритую голову, чего уж там скрывать.

И вот практически шокирующая новость: тот самый милый «гопник» Юра сыграл не просто поэта, а Поэта с большой буквы Пэ — самого Александра Сергеевича Пушкина ака наше все, ака солнце русской поэзии.

Подобная роль, да еще с Юриным амплуа — это, скажу я вам, такой огромный риск «бомбануть», что мало не покажется. Поэтому-то все и примчались в Михайловский театр на премьеру из столицы — увидеть, как там Юра сменит гладко выбритую голову на известные всем с детства кудряшки и бакенбарды, спортивный костюм на фрак и цилиндр, а вместо работницы секс-услуг отдаст свое сердце аристократке Наталье Гончаровой. И вообще, как он там в XIX веке обживется в статусе гения.

«Если будете говорить с Юрой, задавайте вопросы только про фильм, не нужно говорить про «Оскар», «Золотой глобус» и Анжелину Джоли», — на всякий случай инструктировали жаждущих пообщаться со звездой организаторы мероприятия. Про Анжелину я вообще не поняла, видно, что-то пропустила, да и какая могла быть Анжелина, если рядом с Юрой весь вечер была его жена Анна — роскошная красавица в белом платье с открытыми плечами. А про «Пророка» я очень даже хотела спросить: «Каково это — примерить на себя Пушкина?» Но пиарщики, продюсеры, помощники и ассистенты взяли Борисова в плотные клещи, из которых он периодически вырывался для автографов и селфи, поэтому наш с Юрой воображаемый диалог не состоялся — пришлось делать выводы самой, глядя на экран и внутренне охая, ахая и используя разные другие слова и междометия в процессе просмотра.

Когда я училась в школе, в ходу был анекдот про Брежнева. Пришел генеральный секретарь ЦК КПСС на выставку, остановился возле большой картины. Подходит к нему директор музея и спрашивает:

— Ну как вам, Леонид Ильич?

— Хорошая картина, отвечает Брежнев, — краски ушло много.

Вот и на фильм «Пророк» «краски» тоже ушло много. Россыпь звезд первой величины — от Анны Чиповской до Светланы Ходченковой, нереальные по красоте виды Петербурга, улучшенные с помощью цифровых технологий, буйство красок и фантазии создателей картины. Не буду углубляться в детали, сами все увидите, начиная с 14 февраля, если пойдете смотреть на Юру. Скажу только, что сюжет прост и всем знаком по школьной программе — фильм охватывает основные вехи жизни Пушкина от учебы в Царскосельском лицее до смерти в квартире на Мойке, 12 через два дня после дуэли с Дантесом.

Но есть кое-что, о чем создатели картины не предупреждают зрителей на афише. Фильм «Пророк. История Александра Пушкина» — это, по сути, мюзикл. Теперь, вооруженные этим знанием, вы не вздрогнете, как я и весь наш ряд в ложе бенуара, когда лицейский класс дружно грянул рэп, и позже, когда Юра — Пушкин, в буквальном смысле воспарив в облаках вдохновения, выкрикивает: «Ай-ай, горячо, божественный глагол! Горячо, ай-ай!» — так авторы сценария и режиссер оформили процесс появления на свет «Бориса Годунова».

Графиню Воронцову в исполнении Ани Чиповской экранный Пушкин слегка залихватски называет Лизон (Лизон, кстати, тоже поет, но уже не рэп, а вполне себе попсовые песни в стиле «Есть в графском парке черный пруд, там лилии цветуууут». Весь фильм превращается в один большой и яркий клип, в котором есть все — и сам поэт, и балы-карнавалы, и мистические предсказания, и красивые полуобнаженные женщины, и император в сияющих медных латах, и партия в теннис, и белый заяц, и выстрелы, и даже настоящий француз в роли коварного Дантеса, и много-много музыки и танцев.

Есть все, кроме самой сути — магии поэзии Александра Сергеевича Пушкина, которая и делает его великим.

Актер Борисов в этом не виноват — наоборот, он сделал все, что мог, и даже больше. И кудряшки, и цилиндр, и идеальный маникюр смотрятся на нем неожиданно органично. И его фирменная улыбка странным образом идет Александру Сергеевичу, и даже редкие рыжеватые бакенбарды. В такую версию Пушкина веришь: вот же он — такой близкий, родной, понятный, душевный — практически дружище Пушкин. В общем, Юра не подвел, сыграл максимум из предложенного. А магия Пушкина — на то она и магия, чтобы ее нельзя было так просто поймать, зафиксировать, раскрасить и загнать на пленку или в цифру.

И вообще, как давно и очень убедительно объяснил нам пару веков назад сам Александр Сергеевич, невозможно «поверить алгеброй гармонию» — к сожалению для создателей картины и к счастью для всех нас. А за Юру Борисова я буду держать кулаки на всех премиях мира — он это заслужил.

https://www.gazeta.ru/comments/column/articles/20528288.shtml

Задание 1. Отметьте верные утверждения.

	верно	неверно
1. Юра Борисов стал первым российским актером, номинированным на премию «Оскар»		
2. Организаторы мероприятия просили гостей не спрашивать Юру Борисова про Анжелину Джоли.		
3. Фильм «Пророк» охватывает всю жизнь Пушкина от рождения до смерти.		
4. В фильме нет музыкальных номеров, поскольку это историческая драма.		
5. В статье утверждается, что магия Пушкина полностью раскрыта в фильме.		

Задание 2. Выберете все возможные верные варианты ответов.

1. Почему публика в Михайловском театре так ждала Юру Борисова?	a. Он был главным организатором мероприятия. b. Он впервые появился в исторической роли. c. Он стал первым российским актером, номинированным на «Оскар». d. Он играл самого Пушкина.
2. Какую роль играл Юра Борисов в фильме «Анора»?	a. поэта b. гопника c. политика
3. Какую неожиданную особенность фильма «Пророк» отмечает автор статьи?	a. Это черно-белый фильм. b. Это мюзикл. c. Это документальный фильм. d. Это фильм ужасов.
4. Что делает фильм визуально привлекательным, по мнению автора статьи?	a. минимализм в декорациях b. реалистичность исторических сцен c. использование цифровых технологий и ярких цветов d. преобладание темных и мрачных тонов
5. Какое значение имеет выражение «поверить алгеброй гармонию» в контексте статьи?	a. Искусство невозможно полностью разложить на логические элементы. b. Поэзия Пушкина легко поддается анализу. c. Фильм точно передает стиль Пушкина. d. Математика и поэзия тесно связаны.
6. Как автор статьи оценивает игру Юры Борисова?	a. Положительно, считая, что он сделал все возможное. b. Нейтрально, без особых эмоций. c. Критически, отмечая его слабую подготовку. d. Негативно, считая, что он испортил роль.

Test #13

Три великих вопроса Природе от ученых

«Если не ожидаешь неожиданного, не найдешь сокровенного», — эти слова Гераклита вот уже 25 веков служат modus operandi для естествознания. Ежедневно восемь миллионов ученых ищут неожиданные ответы на вопросы, которые они задают Природе. Но только три из них могут изменить ход человеческой истории.

Первый фундаментальный вопрос — из чего сделана Вселенная?

В поиске ответа мы исследуем глубинную природу материи и энергии, которую пока называем темной.

Совпадение ли, что Гераклита тоже прозвали «темным» за неясность изречений? Например, американский физик Джон А. Уилер считал, что бытие имеет информационную основу и выразил эту гипотезу в лаконичной фразе it from bit. А академик РАН Валерий Рубаков в передаче «Границы познания» предположил, что в разных частях Вселенной могут действовать иные, чем на Земле, законы физики, и только на нашей планете «имеются более-менее приемлемые условия для существования человека».

Второй важнейший вопрос — что такое жизнь?

Наука продвигается семимильными шагами в понимании генома, эволюционных процессов и влияния окружающей среды на организмы. Она даже изучает зарождение жизни на других планетах. Но глубокая философская сторона вопроса все еще ждет ответа: как именно из неживой Природы возникает упорядоченная, самоподдерживающаяся система, которую мы называем «жизнью»? Даже такие авторитетные ученые, как академик РАН Ольга Донцова и член-корреспондент РАН Алексей Полилов, предполагают, что точного ответа мы никогда не найдем. Но все же есть надежда, что астробиология сможет помочь в этом поиске.

Что такое интеллект?

Этот третий вопрос в наши дни приобретает новое звучание из-за успехов искусственного интеллекта (AI). Является ли сознание неизбежным следствием жизни? Ученые-когнитивисты и эксперты по AI изучают возможность воспроизвести мышление на небиологическом носителе, а философы и нейробиологи задаются вопросом наличия сознания у других живых существ. По мнению академика РАН А. Кулешова, у животных присутствует интеллект, который в чем-то не уступает интеллекту человека, поэтому вернее будет разделение на цифровой и биологический, а не биологический и искусственный.

В точках пересечения трех фундаментальных вопросов зарождаются крупнейшие научные, технологические и гуманистические прорывы, которые могут повлиять на будущее нашей цивилизации. Такие исследования требуют финансовой, инфраструктурной и интеллектуальной поддержки.

Сегодня для значительной части исследований требуются сложное оборудование, дорогие эксперименты и команды специалистов из разных областей. Поддержка науки выходит за рамки сугубо государственного финансирования — к нему подключаются крупный бизнес, банки и частные фонды.

Для поддержки фундаментальной науки Сбер учредил Научную премию — это поощрение заслуг ученых, поддержка амбициозных проектов и медийный инструмент.

Награда привлекает общественное внимание к исследованиям и дает ориентиры молодым специалистам. Кроме того, призовые средства помогают талантливым ученым продолжать работу в нашей стране. Премия становится мостом между фундаментальными исследованиями и прикладными задачами. Поддерживая ученых, Сбер инвестирует в конкурентоспособность экономики страны.

В современном мире любая новая гипотеза быстро находит пересечения с AI-технологиями, анализом данных или материаловедением. Исследования в области биологии, вроде расшифровки генома или поиска новых методов терапии, не могут эффективно продвигаться без глубокого изучения больших данных и компьютерных моделей.

Несмотря на разделение научного знания на дисциплины, в Природе все едино и взаимосвязано. Поэтому Научная премия Сбера построена на междисциплинарном подходе и структурирована вокруг трех фундаментальных вопросов.

Ответ на «Из чего сделана Вселенная?» мы ищем в номинации «Физический мир». Фундаментальные открытия физики в свое время привели к появлению лазеров, транзисторов, ядерной энергетики, техники связи и компьютеров. Понимание структуры материи дает человечеству новые материалы, сверхпроводники и методы хранения энергии.

Исследования на тему «происхождения живого» коррелируют с номинацией «Науки о жизни». Лауреаты закладывают основу для медицины будущего: генная терапия, биоинженерия, борьба с вирусами и редкими заболеваниями.

Наконец, вопрос «Что такое интеллект?» занимает наших лауреатов в номинации «Цифровая вселенная». Их исследования имеют большое прикладное значение в виде новых архитектур искусственных нейронных сетей, методов математического моделирования и квантовой информатики. Благодаря этим технологиям виртуальные помощники становятся «смартфонами следующего поколения» и трансформируют рынок.

Три вопроса не потеряют актуальности ни в ближайшие десятилетия, ни через сто лет.

Каждый новый виток научных открытий вызывает еще больше вопросов — и этот процесс бесконечен. Более того, так как ответы сегодня нам помогает искать искусственный интеллект, в прошлом году мы учредили новую номинацию – «AI в науке». И следующих прорывов ожидаем благодаря внедрению AI-инструментов в работу ученых.

https://www.gazeta.ru/comments/column/articles/20510048.shtml?updated

Задание 1. Отметьте верные утверждения.

	верно	неверно
1. Американский физик Джон А. Уилер предположил, что Вселенная может иметь информационную основу.		
2. Исследования в области генома уже позволили полностью объяснить происхождение жизни.		
3. Вопрос об интеллекте становится все более актуальным из-за развития искусственного интеллекта.		
4. Современные научные исследования требуют значительных финансовых вложений и междисциплинарного подхода.		
5. Научная премия Сбера поддерживает только исследования в области биологии и физики.		

Задание 2. Выберете все возможные верные варианты ответов.

1. Какой вопрос НЕ входит в три фундаментальных научных вопроса, обсуждаемых в статье?	a. Из чего сделана Вселенная? b. Что такое интеллект? c. Какова конечная цель человечества? d. Что такое жизнь?
2. Какое слово является синонимом к слову «фундаментальный» в контексте статьи?	a. поверхностный b. основополагающий c. второстепенный d. малозначительный
3. Как можно интерпретировать фразу «каждый новый виток научных открытий вызывает еще больше вопросов»?	a. Человечество никогда не сможет найти окончательные ответы на научные вопросы. b. С развитием науки появляются новые неизвестные аспекты для исследования. c. Современная наука уже знает все ответы, но не публикует их. d. Любой научный вопрос можно решить раз и навсегда.
4. Какой из тезисов выражает основную идею статьи?	a. Искусственный интеллект заменит ученых в ближайшем будущем. b. Современная наука нуждается в финансировании и поддержке для изучения фундаментальных вопросов. c. Исследования в области физики более значимы, чем в биологии. d. Наука уже дала исчерпывающие ответы на ключевые вопросы Вселенной.

Test #14

Как зумеры не умеют жить эту жизнь

Почему поколение 20-летних кажется (или не кажется) беспомощным

Недавно в соцсетях я наткнулась на видео, где девушка плакала и рассказывала о том, как несправедлив и жесток окружающий мир. Это видео было просто везде, миллионные просмотры. Километры комментариев: люди не жалели сил, средств, букв в алфавите и трафика сотовых операторов. Героиня задавалась вопросами гамлетовской глубины и высказывала инициативы, с которыми можно баллотироваться в Госдуму, но выполнить их невозможно.

Вот ее слезный монолог: «Почему я должна *трудиться* на работе все свое время и зарабатывать только на еду? Почему цены на еду такие космические? Я искренне считаю, что такая потребность, как квартира, должна предоставляться человеку при рождении. Каждому должно давать квартиру государство! Мне завтра опять на работу, а я не хочу туда ходить! Я не понимаю, как выживают люди с зарплатой меньше, чем у меня».

А в пару к ней другая девушка написала полный трагедии пост о том, что она ждала курьера с готовой едой, а вместо этого ее заказ оказался отменен. Дословно там было так: «Как же меня бесит, когда дико хочешь есть и тут вдруг твой заказ отменяют на последнем моменте (!), когда курьер уже у дома. ты ждал полчаса, и теперь тебе еще полчаса ждать, класс)) или что еще лучше: пишут, что заказ доставлен, ты идешь его счастливый забирать, с мыслью, что сейчас поешь, выходишь, А ЗАКАЗА НЕТ (пунктуация и орфография сохранены. — Прим. «Газеты.Ru»)».

Столько всего навалилось на несчастных зумеров! Ты не идешь три километра в дождь по грязи, утопая в лужах, до ближайшего сельпо, чтобы купить себе хлеба, молока и масла, а просто сидишь дома, тычешь в телефон и ждешь всего 30 минут, чтобы тебе привезли боул с пропаренным бурым рисом и смузи со спирулиной. Ты обеспечен работой, не стоишь на рынке с перепродажей польских курток, не едешь с огромным клетчатым тюком в автобусе. Но многие все равно недовольны.

Точнее, даже не недовольны, а искреннее не понимают: как такое происходит и почему мир не крутится вокруг них.

Социологи еще напишут сотни исследований на тему, как люди, пережившие 1990-е, воспитали такое инфантильное «зумерское поколение». Наверняка там будет что-то про то, что мы задаривали их игрушками, которых не было у нас; слишком старались быть понимающими и принимающими родителями. Я бы наверняка указала еще на то, что совершенно канула в небытие такая форма воспитания, как: «Иди-ка постой в углу и подумай над своим поведением». А кроме того, медитация во время разглядывания ковра заменилась на мультики круглые сутки, а сами мультики перестали быть какой-то ценностью.

Поколение зумеров — это первое поколение, которое выросло в дефиците дефицита.

Этому поколению, родившемуся в условиях глобальной цифровизации, предрекали огромное будущее. В числе прочего обещали нам людей с новыми навыками и сильно отличающихся от прошлых устаревших моделей. Ну что ж, не соврали.

Зумеры и их манера поведения, общение и стиль работы настолько отличаются от всего, что уже вошли в фольклор.

Типичное требование молодых — никаких сверхурочных, переработок, никакой «пятилетки в четыре года». С одной стороны — это вроде и правильно. Ведь, как известно, в колхозе больше всех работала лошадь, но председателем так и не стала. И второе правило: работать надо не восемь часов, а головой. Но, с другой стороны, иногда только работая по-стахановски, выполняя больше, чем можешь, ты получаешь шанс добиться большего. Ну или, например, сделать карьеру. Но — как мне сказали — так думают и трудятся только бумеры и другие отставшие поколения.

«Больше денег — это больше работы, больше ответственности, контроля, а зачем?» — объяснили мне представители нового поколения.

Зачем тратить силы на работу, на достигаторство, когда можно отлично чиллить дома, смотреть киношку, заказывать еду, а не совершать подвиги?

Зумеры высмеивают старшее поколение: альфы и бумеры рады, если им (нам) платят в срок; согласны на сверхурочные; могут работать в выходные и не отключают телефоны.

А уж сколько обсуждений вызывает тема, что некоторые начальники орут на сотрудников! Ущемляют! Нарушают границы! И потом даже не извиняются!

И вроде зумеры тут правы: орать и оскорблять людей не хорошо, часто не конструктивно.

А потом ты спрашиваешь, почему начальник орал, и оказывается: документ уже пятый день не отправлен; систематические опоздания на работу; уход с работы без предупреждения и при этом игнорирование телефонных звонков. То есть такие вещи, за которые мало наорать — можно с чистой совестью и уволить. И тогда они запишут рилс о том, что их выгнали за какую-то неважную ерунду вместо того, чтобы пожалеть и выписать купон на бесплатные печеньки, как это всегда делала мама.

А когда этого всего не происходит, потому что мир ведь не состоит из летающих единорогов, то многие сильно удивляются и становятся не просто зумерами, а взрослыми. А когда ты взрослый, то вообще не очень важно, из какого ты поколения.

https://www.gazeta.ru/comments/column/articles/20490038.shtml?updated

Задание 1. Отметьте верные утверждения.

	верно	неверно

1.	Автор с сочувствием относится к зумерам и считает, что зумеры выросли в условиях дефицита и вынуждены бороться за выживание.		
2.	Зумеры, по мнению автора, считают, что переработки и сверхурочные — это неэффективный способ работы.		
3.	Автор считает, что начальники всегда орут на сотрудников без причины.		
4.	В статье говорится, что зумеры высмеивают старшее поколение за их отношение к работе.		
5.	Автор утверждает, что все представители зумеров одинаково инфантильны и не хотят работать.		
6.	В статье поднимается вопрос о том, почему современное поколение так сильно отличается от предыдущих.		

Задание 2. Выберете все возможные верные варианты ответов.

1.	Как автор статьи относится к жалобам девушки в видео?	a.	Она полностью поддерживает её точку зрения.
		b.	Она считает её требования разумными, но труднореализуемыми.
		c.	Она относится к её словам с долей иронии.
		d.	Она утверждает, что девушка представляет мнение всего поколения.
2.	Какое утверждение лучше всего передаёт основную мысль статьи?	a.	Зумеры ленивы и не хотят работать.
		b.	Современное поколение выросло в других условиях и имеет иной взгляд на жизнь.
		c.	Автор осуждает старшее поколение за его отношение к труду.
3.	Какой тон преобладает в тексте?	a.	серьёзный
		b.	ироничный
		c.	нейтральный
		d.	доброжелательно
4.	Что означает фраза «в колхозе больше всех работала лошадь, но председателем так и не стала» в контексте статьи?	a.	Переработки не всегда приводят к успеху.
		b.	Чем больше работаешь, тем выше шанс на карьерный рост.
		c.	Зумеры уважают тех, кто работает больше всех.
5.	Какую проблему затрагивает статья?	a.	конфликт поколений
		b.	необходимость реформирования трудового законодательства
		c.	влияние цифровизации на уровень жизни зумеров
		d.	проблему экономического кризиса в современном мире

Test #15

Как маркетплейсы делают нас паразитами

Как бороться с потребительским терроризмом

Соцсети пестрят роликами, в которых показан типичный случай: покупатель, набрав в маркетплейсе гору вещей, пришел делать возврат. Зубная щетка «царапает десны», трусы оказались «не стрингами», и вообще «тушь не удлиняет». Наблюдать подобные нелепые претензии комично, ведь понятно, что белье, косметика и предметы гигиены возврату не подлежат, но вот когда речь заходит об одежде, например, смешно будет точно не всем. Дело в том, что нередко предприимчивые граждане перед праздниками заказывают наряды, а после корпоратива — сдают. Можно и на нарядах себе на Новый год, и детям на костюмах таким путем наэкономить. Получается бесплатный прокат с выгодой для потребителя и убытками для продавца, который должен ломать голову, как быть с пропахшими потом вещами, на которых бирка не отрезана. А дальше эта «не новая новая вещь» придет к другому клиенту. Один может не заметить, что товар кто-то погонял, более внимательные граждане напишут возмущенные отзывы, обвинив и производителя, и маркетплейс. Порочный круг.

У подобного поведенческого сценария, когда люди буквально парализуют ПВЗ и магазины, требуя вернуть деньги за товар, в котором нет видимых дефектов, есть и метафорическое название — «потребительский экстремизм». Правило «клиент всегда прав» и популярность маркетплейсов стимулируют поведение, позволяющее бесплатно заказать десятки позиций, выкупая единицы, и сдавать товар без комиссии.

Убытки терпят не селлеры, а производители, сдающие гигантам-операторам свой товар. Большие операторы катастрофы не видят.

Кто-то подумает, что я владелец бизнеса или моя семья с ним связана. Нет. Более того, нередко сама покупаю вещи на маркетплейсах, потому должна бы только радоваться лояльному отношению к покупателям. Но мне вот не радуется, как только я ставлю себя на место продавца, над трудом которого поглумились и развели человека как лоха, более того, подвели под свое некрасивое поведение юридическую базу.

Наверняка многие попадали в неприятную историю, когда давали другу вещь поносить, а получали ее обратно в плачевном виде.

Мало того, что вещь испорчена или ее нужно стирать, так к этим проблемам добавляется досада и обида: почему ко мне так отвратительно отнеслись? Женщины наверняка хотя бы раз в жизни вздрагивали в примерочной, увидев, что белая блузка мечты, которую хочешь купить, в пятнах от чужой косметики. Понятно, что случайно любой человек может испачкать или повредить вещь, но не стоит путать ненамеренную порчу и наплевательское отношение к товару, за который пока не заплатил ни гроша. Ключевое здесь — «не заплатил». Человек так устроен, что ценит только то, что, прошу прощения, оценено, а что бесплатно — это ничье, значит, и ответственности нет.

Дамы старшего возраста помнят практику советских женщин трепетно примерять вещи: например, использовать платок, чтобы косметика не испачкала магазинный товар. Сегодня такие церемонии могут показаться избыточными, но сама идея беречь чужое как свое (ведь кто-то так же старается не испортить то, что может достаться тебе) вполне здрава. Когда человек стряхивает с себя ответственность, например, пользуется платьем, а потом без зазрения совести сдает, он превращается в паразита, который не способен или не хочет оплатить свои хотелки и пытается подставить другого, решив свой вопрос. Это становится стилем жизни, вызывая спортивный кураж: как ловко я устроился на чужой шее, да еще и припугнуть могу плохим отзывом, припечатав продавца или сотрудника пункта выдачи. И дело тут не в бедности, а в непорядочности и философии паразита. Как воровство чипсов в магазине не по бедности, а ради наглого драйва.

Кто-то возразит: у людей денег нет, возвраты надеванной одежды — вынужденная мера от бедности. Но позвольте: деньги были, чтобы купить платье, так почему вы вернули использованную вещь? Ну а если с финансами туго, зачем покупать новый наряд? И, да, я помню 90-е и знаю, что, не имея много денег, можно и в секонде удачно одеться.

Потому не стоит использовать бедность как аргумент в защиту непорядочности.

Закон действительно лоялен к покупателю, и это замечательно (я и сама нередко сдавала одежду, поняв, что поспешила с покупкой), но я ее не носила. Вам же не приходит в голову требовать выключить из счета в ресторане десерт, который вы съели, потому что он «невкусный»? К халяве человечество относится с энтузиазмом, оно и понятно: плохо, когда отнимают, а когда дают — хорошо.

Несколько лет назад ВЦИОМ изучил отношение россиян к бесплатным товарам и услугам. О положительном и безразличном отношении чаще сообщала молодежь от 18 до 24 лет (34% и 52%), а об отрицательном — поколение старше 45 лет (43–51%). Мне меньше сорока пяти, но мысленно я с ними.

Мы давно стали обществом потребления, однако не заметили, как «общество» вытеснила «секта потребителей-террористов».

Нехватка запретов и гиперлояльность приводит к вседозволенности. Покупатель (и не только он, а любой привилегированный член общества) начинает инфантильно считать себя «венцом маркетингового творенья», который осчастливливает продавца деньгами, а это порочная стратегия. Поэтому взывать к совести, не разрабатывая правил запретов и штрафов для нарушителей, не получится. Перспектива работающего штрафа может раздражать, но и сдерживать не в меру активных покупателей-злоумышленников, по вине которых страдают все остальные.

https://www.gazeta.ru/comments/column/articles/20479376.shtml

Задание 1. Отметьте верные утверждения.

	верно	неверно

1.	Основные убытки от возвратов использованных товаров несут маркетплейсы.		
2.	Автор статьи считает, что возврат надеванных вещей — это проявление бедности.		
3.	В тексте упоминается, что женщины старшего поколения в Советском Союзе заботились о сохранности примеряемой одежды.		
4.	Покупатели, которые массово заказывают вещи, а затем их возвращают, называются «потребительскими террористами».		
5.	По мнению автора, закон в отношении прав потребителей слишком строгий и ограничивает свободу покупателей.		
6.	В статье утверждается, что инфантильное отношение к потреблению связано исключительно с недостатком финансов.		

Задание 2. Выберете все возможные верные варианты ответов.

1.	Какую основную проблему видит автор в массовых возвратах одежды?	a. b. c. d.	ухудшение репутации маркетплейсов личные неудобства покупателей убытки производителей и нечестное поведение клиентов недостаточную защиту прав потребителей
2.	Что подразумевается под термином «потребительский экстремизм» в контексте статьи?	a. b. c. d.	стремление покупателей найти лучшие скидки агрессивное поведение клиентов по отношению к продавцам систематическое использование политики возвратов в личных интересах покупка большого количества товаров на маркетплейсах
3.	Что такое «халява»?	a. b. c. d.	бесплатно полученные товары или услуги нечестное или легкомысленное использование чужих ресурсов система скидок и акций на маркетплейсах принцип справедливого распределения благ среди покупателей
4.	Что автор подразумевает под фразой «вседозволенность покупателей»?	a. b. c. d.	Покупатели чувствуют себя вправе вести себя безответственно. Люди стали покупать больше вещей. Законы слишком ограничивают права клиентов. Покупатели стали реже делать возвраты.

Test #16

Почему мы ностальгируем по 1990-м

Как эпоха бандитов и бедности вошла в моду

Моя подруга подсела на сериал «Каменская» и ностальгически узнает там Москву своего детства. Может, даже отчасти и смотрит для того, чтобы вспомнить то время, давно ушедшую натуру. Говорит мне: «У всех актеров еще свои зубы, это так видно. Нет белоснежных виниров, модных причесок, дорогих костюмов. Квартиры такие, в которых и жили опера, а не дизайнерские студии, как сейчас». Теплое, узнаваемое ламповое кино про убийц и маньяков. И я ее хорошо понимаю. Ностальгия.

Сейчас ностальгия в моде, и с этой темой заигрывают все. Маркетологи наперебой торопятся назвать свой продукт «то самое мороженое», «пирожные по ГОСТу», «вкус как в детстве».

Даже самые маленькие дизайнерские дома наштамповали красные спортивные костюмы в стиле «Олимпиада-80» и треники с лампасами. Киноиндустрия сделала фильмы на все вкусы. Смотришь и видишь, как старательно реквизиторы подбирали радиоприемники, вазы, полки для книг, кассетные магнитофоны и ковры на стену.

Но от того, как нам показывают 1990-е, пока выходит только какой-то симулякр вместо ностальгии. По-настоящему берут за душу фильмы, сделанные именно в то время.

Как моя подруга смотрит «Каменскую», так я смотрю «Бандитский Петербург», узнавая там свой родной Питер, где я знаю даже маршруты трамваев, которые показаны в кадре.

Но тут — по заданию редакции — я посмотрела фильмы 1990-х и нулевых и вспомнила то, что казалось совершенно нормальным, а сейчас нашим детям это кажется просто невозможным.

Начнем с того, что никто в машине не пристегивался. Даже самые образцовые герои кино и не думают это делать. Тут же вспомнилось, как водители такси, если вдруг ты собирался пристегнуться, смотрели на тебя как на трусливого дурачка, а иногда вообще могли сказать «абыжаешь!». Можете ли вы представить сейчас, чтобы водитель такси сказал вам такое? Да мы даже на заднем сиденье пристегиваемся!

Кстати, про такси. Именно смотря кино, я опять вспомнила, как «голосовали» на улицах, обсуждали сразу цену, торговались. А заодно сразу вспомнила, насколько это было небезопасно. Да и такси почти не было, а были бомбилы.

Практически все цены на крупные покупки, аренду квартир или работу во многих фильмах обсуждаются в долларах, потому что именно так и было в реальной жизни. Давно ли вы считали свою зарплату таким образом? Почему-то уверена, что давно.

Но мы не будем сейчас разбирать те фильмы с сегодняшней оптикой. Это бессмысленное и неблагодарное дело. Понятно, по чему именно мы ностальгируем — по своей молодости, где еще был пейджер, а на работе — факс. Это так мило и тепло в нашей памяти, но вот только, посмотрев разом все «ментовские» сериалы и еще несколько знаковых фильмов, почему-то вернуться и жить в том времени я не захотела. Все-таки сейчас мне кажется безопаснее, несмотря на всю изворотливость моей памяти и воспоминания про лимонад за три копейки.

https://www.gazeta.ru/comments/column/articles/20444024.shtml

Задание 1. Отметьте верные утверждения.

		верно	неверно
1.	В сериале «Каменская» показаны дизайнерские квартиры, которые не соответствуют реальной жизни того времени.		
2.	Автор с удовольствием смотрит современные фильмы о 1990-х, так как они точно передают атмосферу того времени.		
3.	В 1990-х годах пассажиры такси пристегивались ремнями безопасности так же, как сейчас.		
4.	Такси в 1990-х годах работали по тем же принципам, что и сегодня.		

Задание 2. Выберете все возможные верные варианты ответов.

1.	Что такое «треники с лампасами»?	a. джинсы из США b. вечерние платья c. спортивные штаны с полоской на боку d. одежда, которая идеально сочетается с майкой-алкоголичкой и тапочками
2.	Почему в 1990-х люди часто рассчитывались в долларах?	a. Потому что рубль был очень стабильной валютой. b. Потому что это была официальная валюта России. c. Из-за экономической нестабильности и высокой инфляции рубля. d. Потому что доллары было удобнее считать.
3.	Как можно перефразировать фразу: «По-настоящему берут за душу фильмы, сделанные именно в то время»?	a. Современные фильмы лучше передают дух 1990-х. b. Фильмы, снятые в 1990-х, выглядят более аутентично и правдоподобно. c. Все старые фильмы вызывают ностальгию, независимо от качества. d. Современные фильмы интереснее старых.
4.	Бомбилы – это …	a. Таксисты, которые работают без официального разрешения.

	b. Популярное явление 1990-х и 2000-х годов, когда такси как отрасль было неразвито.
	c. Персонажи, благодаря которым поездки в 90-е превращались в экстремальное приключение.
	d. Водители «Яндекс.Такси».

Test #17

Профессионально подвижные: почему россияне стали чаще менять работу

Как меняет рынок труда человеческая мобильность

Любопытные новости рынка труда: за последние три года 38% россиян сменили профессию. Нет, тренд на жизнь с чистого листа в трудовой сфере наблюдается давно. И к советам просто переучиться, если что-то не получается, все уже давно привыкли. Но кто ожидал, что дело приобретет такой размах? А масштаб действительно поражает. Ведь ранее за целое десятилетие профессии сменили 30% граждан. А теперь почти половина за какие-то три года. Почему так происходит? И что нас ожидает дальше?

Для начала кое-какие подробности. Данные о профессиональной мобильности россиян предоставили аналитики сервиса hh.ru, проанализировав 3,4 млн резюме. И выявили эксперты прелюбопытную тенденцию: оказалось, что чаще всего в последние годы профессию меняли курьеры, автомойщики и швеи, а реже — врачи, геологи, бухгалтеры и программисты. Нам-то все уши прожужжали, что все так плохо и странно на нашем рынке труда, что люди только и делают, что бегут с высококвалифицированных работ в доставщики пиццы. А тут вот оно что: логика-таки работает.

Ведь то, что доктора, отучившись восемь лет, не бросают выбранное дело, вполне логично. И с программистами все понятно. То есть мы, конечно, слышали, что каждый десятый образованный гонец-самокатчик с коробом за спиной имеет диплом айтишника — но это, видно, какие-то неправильные айтишники, с неправильными дипломами, вполне возможно, гуманитарии по духу, поддавшиеся когда-то соблазну освоить модную и хлебную профессию, но не справившиеся. А настоящие программисты, органично выросшие из гиков-математиков, вполне успешно работают по специальности, пишут себе код, разрабатывают там чего-то и не дергаются.

Есть, правда, другой момент, касающийся логики происходящих процессов на рынке труда. Вот говорят, курьеры меняют профессию. Отлично. Но насколько корректны такие формулировки? А какая профессия у покидающих сервисы доставки была раньше? Может, они возвращаются к работе по диплому.

Совсем ведь не редкая история, когда человек на время выпал из строя, уволился, а поиск новой работы в своей сфере с приемлемыми условиями затянулся. Услышал товарищ, что курьеры сейчас зашибают больше ста тысяч, решил тоже побегать с сумкой в перерывах между собеседованиями. Понял, что обещанных заработков у волков, которых кормят ноги, нет, что больше сотни только волки на колесах заколачивают, но им при этом никто не компенсирует расходы на бензин, и стал бедолага бегать энергичнее… по собеседованиям. И нашел в конце концов что-то сносное если не в прежней своей области, то хотя бы в смежной. Тут вроде не новая жизнь, а счастливое возвращение к прежней.

Конечно, еще очень интересно, куда именно уходят работники, меняющие карьерные устремления.

Главное открытие — сожаление: «А идти надо было в IT» — больше, кажется, сердца наших граждан не бередит, программистская лихорадка — все.

Да, народ убедился, что это вот вообще не просто. Теперь у каждого есть хотя бы один знакомый, который попробовал и не вывез, только деньги зря на курсы выбросил. Нет, конечно, совсем покорители эверестов не переведутся, и сейчас 10% меняющих профессию выбрали IT-сферу. Но большинство, а именно 18%, устремились на производство, овладев рабочими специальностями. Услышали люди, что в промышленности кадровый голод, что там «гонка зарплат», и пошли проверять. Возможно, скоро мы будем наблюдать массовый отток с заводов.

Однако карьерные передвижения — вопрос не одной лишь конъюнктуры. Люди ищут не только выгоды. Людям хочется интересного дела, новых впечатлений, самореализации. Нередко ведь бывает и так: человек выбрал в 18 лет что-то по совету родителей или за компанию с друзьями, поработал 10–15 лет и спекся. И на любимых работах выгорают, а тут вовсе чужое — ну тяжко толкать эту телегу дальше. И если раньше несчастных еще держали всякие страхи, что, дескать, поздно что-то менять, трудно начинать с нуля, то нынче — наоборот.

Во-первых, бояться почти нечего: в большинстве отраслей дефицит кадров, обусловленный демографическими и социально-экономическими факторами. Да, это по-прежнему не гарантирует, что можно устроиться легко, быстро и наилучшим образом, но и без хлеба остаться сегодня нужно еще постараться. А во-вторых, срабатывает новая психология. Сегодня ты странный и не прогрессивный, если не пробуешь нового, если не учишься еще чему-нибудь после университета, если не рискуешь.

Кстати о психологии. По-новому мыслят теперь и сами рекрутеры. Джоб-хопперы (по-старому — летуны) еще раздражают, но и соискатели, полжизни просидевшие на одной должности на одном предприятии, уже настораживают, подозрительные они какие-то, не гибкие, не креативные.

Серьезно, эйчары вовсю дают рекомендации развиваться горизонтально, дескать, у соискателя, часто меняющего сферу деятельности, шансов устроиться на высокооплачиваемую позицию выше. Что это? Блеф? Манипуляции? Запрос на универсальных солдат у работодателей был и раньше, но набирали их обычно на очень средние должности и не на самых интересных условиях. А теперь, значит, обещают лучшие посты и больше денег. Трудно в это поверить. Но чем черт не шутит.

Скепсис, однако, усиливает вот какая новость. На днях в Госдуме представили законопроект, который обязывает организации предоставлять квоту на трудоустройство выпускников вузов и колледжей. Необходимость такой меры связывают с молодежной безработицей, когда вчерашние студенты никак не могут никуда устроиться, потому что их не берут без опыта работы. То есть безработица вообще у нас вроде бы триумфально побеждена, но остаются недобитыми всякие ее отдельные виды: молодежная, скрытая, текучая и тому подобные.

И тут вопрос. А как быть тогда с огромной армией трудящихся, начинающих новую профессиональную жизнь? Сорокалетние молодые специалисты разве оказываются не в таком же положении, что и двадцатилетние выпускники? Может, им теперь тоже квоты нужны? Хотя рекрутеры и пытаются нас убедить, что переучивающимся засчитывают как плюс прежний опыт, все же интересно было бы узнать, как это происходит на практике. В голове рисуются удивительные картины.

«О, Иван Васильевич, вы меняете профессию уже пятый раз: психолог-курьер-финансовый консультант-оператор ПВЗ-нутрициолог — просто невероятно! Такие разносторонние навыки — это именно то, что нужно пилоту гражданской авиации. Ваша мобильность и готовность постигать новое действительно окрыляют! Согласитесь ли вы работать у нас за какие-то жалкие полмиллиона рублей в месяц?» Фантастика, да и только!

Рынок труда развивается, конечно, весьма интересно, если не сказать затейливо. Но далеко не все, что нам преподносится как новые возможности, на самом деле таковым выступает. Скорее, участники трудовых отношений с обеих сторон пытаются сделать из кислого и горького что-то похожее на лимонад. Да, это тоже неплохо. Отвечать на вызовы времени, искать и пробовать разное в условиях турбулентности точно лучше, чем ждать милостей от природы. Но и заигрываться в бесконечные метаморфозы, пожалуй, не стоит. Все же профессионализм предполагает и немалую долю постоянства, и для роста лучше выбрать все-таки какое-то определенное направление.

https://www.gazeta.ru/column/yardaeva/20414396.shtml

Задание 1. Отметьте верные утверждения.

		верно	неверно
1.	За последние три года половина россиян сменили профессию.		
2.	Чаще всего профессию меняли курьеры, автомойщики и швеи.		
3.	В тексте говорится, что некоторые IT-специалисты ушли в курьеры, потому что не справились с профессией.		
4.	Одной из причин смены профессии является желание людей получать новые впечатления.		
5.	На сегодняшний день IT-сфера остается самой популярной для смены профессии.		
6.	Работодатели сегодня с подозрением относятся к кандидатам, которые долго работали на одном месте.		
7.	По мнению автора, работодатели охотно нанимают людей, которые много раз меняли профессию.		

Задание 2. Выберете все возможные верные варианты ответов.

1. Какую основную тенденцию на рынке труда отмечает автор?	a.	снижение числа вакансий для высококвалифицированных специалистов
	b.	рост профессиональной мобильности и частая смена профессии среди россиян
	c.	увеличение числа государственных рабочих мест
	d.	снижение конкуренции среди соискателей
2. Что автор называет «программистской лихорадкой»?	a.	массовый переход в IT-сферу в поисках высоких доходов
	b.	новую методику обучения программированию
	c.	высокие зарплаты программистов в России
	d.	рост числа IT-стартапов
3. Что в тексте означает слово «летуны»?	a.	люди, работающие в авиации
	b.	сотрудники, которые часто меняют работу
	c.	молодые специалисты, ищущие свое призвание
	d.	рекрутеры, подбирающие кадры для стартапов
4. Какую основную проблему выявляет автор в законопроекте о квотах для выпускников?	a.	Законопроект может усугубить проблему безработицы среди молодежи.
	b.	Законопроект не учитывает аналогичные трудности переучившихся специалистов среднего возраста.
	c.	Законопроект ограничит возможности профессиональной мобильности.
	d.	Законопроект создаст избыточную нагрузку на работодателей.
5. Что означает выражение "волка ноги кормят"?	a.	Волк становится сытым, когда много бегает.
	b.	Человек должен быть активным и трудолюбивым, чтобы зарабатывать на жизнь.
	c.	Если долго бегать, можно найти больше еды.
	d.	Выражение не имеет смысла, это просто игра слов.
6. «Хлебная» профессия — это…	a.	профессия, которая всегда приносит стабильный доход
	b.	профессия, связанная с производством хлебобулочных изделий

		c. профессия, которая требует много усилий, но дает моральное удовлетворение
		d. профессия, которая востребована среди работодателей
7.	На какой фильм ссылается автор в статье: «О, Иван Васильевич, вы меняете профессию уже пятый раз: психолог-курьер-финансовый консультант-оператор ПВЗ-нутрициолог — просто невероятно!»	a. «Кин-дза-дза!»
		b. «Иван Васильевич меняет профессию»
		c. «Иван Грозный»
		d. «Служебный роман»

Test #18

Что делать с массовым ожирением?

Почему мы продолжаем набирать вес, несмотря ни на что

Перед праздником министр здравоохранения Михаил Мурашко решил порадовать женщин (и не только) грустной статистикой. Почти четверть взрослых россиян страдает ожирением. Женщины возглавляют этот грустный список, приближаясь уже не к четверти, а к трети популяции — 27,4%. И это вам не шутки. Мужчины еще как-то держатся — среди них ожирение сохраняется пока на уровне 20,6%. В самой большой опасности и вовсе дети от 7 до 11 лет: диагноз «ожирение» в прошлом году имели рекордные 33%.

На самом деле все гораздо хуже. Ожирение первой степени определяется, когда индекс массы тела превышает 30 пунктов. Но до этого существует еще так называемое «предожирение» — когда показатель ИМТ колеблется в диапазоне от 25 до 30. Число таких людей никто не считал, а если бы посчитал, то думаю, цифры улетели бы в космос и запросто бы оказалось, что, мягко говоря, не стройных людей у нас половина, а то и больше. Этот самый индекс может рассчитать любой желающий — пожалуйста, посмотрите формулу в интернете. Правда, у каждого человека все индивидуально и общее состояние каждого организма зависит и от телосложения, и от мышечной массы, но в целом показатель более или менее объективный.

Про опасность ожирения тоже говорить не буду. Так или иначе классический список наиболее распространенных проблем со здоровьем, начиная от повышенного давления и заканчивая больными суставами (туда же и инфаркты, и диабет, и некоторые виды онкозаболеваний) дает понять одно: хочешь прожить подольше и при этом хорошо себя чувствовать и не тратить деньги на врачей — избавься от лишнего веса.

Сказать это легко. А сделать не пробовали? Хорошо, если ваш индекс массы тела меньше 25, очень за вас рада. Но все остальные — пыхтящие в спортзалах, покупающие утягивающее белье, посыпающие голову пеплом за каждый съеденный кусочек пиццы или мороженого, обязательно становящиеся боком на общих фотографиях, чтобы казаться стройнее... Сестры, обнимемся, как я вас понимаю!

После выступления министра подал голос один из региональных депутатов. Он предложил выдавать ожиревшим абонементы в спортзал. Понятно, что этого никогда не произойдет, но открою и ему, и тем, кто думает, что поход в спортзал автоматически избавляет от лишних килограммов, страшную тайну. Никто и никогда еще не худел от занятий спортом 2-3 раза в неделю без корректировки питания.

Говорю об этом со знанием дела: за год занятий в фитнес-клубе я с легкостью набрала три лишних килограмма. Конечно, подруги утешают меня, что это мышцы, которые, как известно, тяжелее жира, но нет. Никуда этот жир родимый не девается, присутствует все на тех же местах и даже увеличивается. Почему? На этот случай у ученых тоже есть объяснение.

После занятий спортом наш мозг считает, что теперь мы заслужили что-нибудь вкусненькое, имеем на это полное право, потому что только что путем героических усилий «сожгли» в зале кучу калорий. А поскольку тренировки у меня происходят вечером после работы, то с учетом времени на дорогу домой и приготовление ужина я ем на два-три часа позже, чем без посещения спортзала. Пожалуйста, не надо мне давать советов вроде «попила кефирчик и спать». Во-первых, кефирчик содержит лактозу — тот же сахар, во-вторых, ложитесь-ка сами спать в десять вечера, а я еще хочу и душ принять, и сериал посмотреть, и с домашними пообщаться. В общем, раздавать абонементы — предложение не рабочее.

Худеть людям с ИМТ больше 30, да и в идеале и всем остальным, нужно под наблюдением врача эндокринолога. Это означает сдавать анализы раз в полтора-два месяца, принимать лекарства и витамины. Понимаете, к чему я клоню? Семь лет назад, когда я прошла этот путь, (а я, прошу заметить, ожирением не страдала, но уверенно двигалась в этом направлении) один прием врача стоил около 2 тысяч рублей, набор анализов в два раза дороже, лекарства, включая витамины, — еще примерно такую же сумму. История эта долгая и систематическая, мне понадобился год для того, чтобы получить не окончательные, но более или менее приемлемые результаты. А теперь переложите все это на нынешние цены.

Вы знали, что человек в среднем набирает за год чуть больше килограмма, начиная примерно с 15 лет? Причин для этого много: мы зарабатываем больше денег, больше едим, меньше двигаемся из-за изменений в образе жизни — кто-то просиживает часы в офисе, кто-то дома на диване, кто-то покупает автомобиль и практически перестает ходить пешком.

Вес набирается незаметно: ну что такое килограмм в год, кто на это будет обращать внимание?

В итоге ваши условные 55 килограммов в 20 лет с легкостью превращаются в 80 кило к 45 годам — и вы начинаете в панике пытаться похудеть любой ценой, и это даже на какое-то время получается, но потом все опять возвращается к старому. Идеальный вариант — сбросить вес под контролем специалиста и при этом поддерживать результат с помощью спорта. Только кто из нас способен долго жить в таком идеальном мире…

Как разорвать этот порочный круг? Что могло бы сделать министерство здравоохранения, например? Очень хорошо, что с проблемами детского ожирения уже начали разбираться: проводят скрининги, пытаются сделать более здоровым школьное питание, добавляют уроки физкультуры и так далее. Для взрослых была бы хороша маркировка еды. В отдельных странах это уже делается — покупаешь что-то и видишь на упаковке буквы от А до Д. А — отличная здоровая еда, Д — спасайся кто может. Рыба и свежие овощи должны перейти из разряда практически деликатесов в обычные продукты. Если мы реально заботимся о здоровье населения, не надо на каждом углу открывать блинные, пирожковые, пекарни и бургерные. Подумайте о полезных альтернативах. Мы так и будем жиреть и болеть до тех пор, пока фастфуд будет дешевле и доступнее здоровых продуктов.

https://www.gazeta.ru/comments/column/articles/20687720.shtml

Задание 1. Отметьте верные утверждения.

		верно	неверно
1.	Министр здравоохранения Михаил Мурашко сообщил, что ожирение в России затрагивает преимущественно мужчин.		
2.	Ожирение первой степени диагностируется при индексе массы тела (ИМТ) выше 25.		
3.	Автор статьи утверждает, что занятия спортом без коррекции питания не приводят к потере веса.		
4.	В статье говорится, что предложенная депутатом инициатива о бесплатных абонементах в спортзал была принята и реализована.		
5.	По мнению автора, увеличение массы тела связано только с недостатком физической активности.		
6.	В статье подчёркивается, что похудение должно происходить под контролем врача-эндокринолога.		
7.	Автор утверждает, что человек в среднем набирает более килограмма в год, начиная примерно с 15 лет.		
8.	В России уже введена система маркировки продуктов по уровню их полезности (A–D).		
9.	В статье упоминается, что доступность фастфуда и его низкая стоимость по сравнению со здоровыми продуктами способствуют увеличению числа людей с избыточным весом.		
10.	Автор считает, что главной причиной набора веса является генетическая предрасположенность.		

Задание 2. Выберете все возможные верные варианты ответов.

1.	Почему по мнению автора люди не худеют, посещая спортзал?	a. Они переоценивают затраченные калории и компенсируют их едой. b. Спортзал неэффективен из-за недостатка кардионагрузок. c. Мышцы тяжелее жира, поэтому вес увеличивается. d. В спортзалах недостаточно квалифицированных тренеров.
2.	Что автор называет «порочным кругом» в процессе набора и сброса веса?	a. Чередование периодов похудения и набора веса b. Невозможность найти хорошего врача c. Переход от фастфуда к здоровой еде и обратно d. Постоянное увеличение физической активности
3.	Почему, по мнению автора, идея выдачи абонементов в спортзал не решит проблему ожирения?	a. Люди не хотят ходить в спортзал b. Спортзал сам по себе не помогает сбросить вес без изменения питания

		c. В спортзалах слишком высокая стоимость абонемента
		d. Фитнес-индустрия не рассчитана на людей с ожирением.
4. Какой основной аргумент автор приводит в пользу контроля веса под наблюдением врача?		a. Врач может назначить правильные анализы, витамины и лекарства.
		b. Врачи бесплатно разрабатывают программы похудения.
		c. Самостоятельные диеты всегда успешны.
		d. Врач может выписать бесплатный абонемент в спортзал.
5. Какую проблему автор видит в современном питании?		a. Фастфуд дешевле и доступнее, чем здоровая еда.
		b. В магазинах продают слишком много сладкого.
		c. Люди не умеют готовить полезную пищу.
		d. В России мало ресторанов с низкокалорийными блюдами.

Test #19

Как теории заговора воплощаются в жизнь

Уже пора мастерить шапочки из фольги?

Как известно, если у вас паранойя, это еще не значит, что за вами никто не следит. Мы долго и успешно смеялись над выражениями вроде «как управлять миром, не привлекая внимания санитаров», над шуткой о том, что во главе мирового правительства стоят рептилоиды, над тем, что люди обсуждают шапочки из фольги как универсальное средство от разрушительного влияния вышек связи.

Но давайте представим, что в 2019 году нам с вами рассказали о том, что произошло с миром в последующие пять лет. И обратите внимание, ничто из того, что произошло, не кажется нам теперь чем-то сверхъестественным.

Даже словосочетание «черный лебедь» стало чем-то, набившим оскомину.

2019 год, осень, вы гуляете по парку или встречаетесь с друзьями в ресторане, а лучше — ждете в зале аэропорта посадки на рейс, скажем, в Венецию. Тут рядом с вами садится человек с беспокойным взглядом, не очень аккуратной прической и в странной одежде какого-то никому пока не известного российского бренда. Человек говорит:

— Через полгода никаких рейсов в Венецию из Москвы не будет. Более того, не будет рейсов в Венецию ниоткуда.

Вам скучно, вы понимаете, что перед вами сумасшедший, вы решаете коротко поддержать разговор:

— Да, да. Венеция уходит под воду, это мы слышали, скоро летать будет некуда.

— Летать будет некуда! — отвечает человек. — Вот именно. Но не потому что она уходит под воду, а потому что самолеты перестанут летать. Страшная пандемия накроет весь земной шар, и авиасообщение прекратится.

— А Земля налетит на небесную ось! — шутите вы цитатой из Булгакова.

— Какая ось? Нет. Закроются все отели, аэропорты и рестораны. Вместо них откроются новые морги и больницы. Люди перестанут выходить на улицы, многие потеряют рабочие места, остальные будут работать из дома, все совещания будут проходить по Zoom! Тех, кто выходит на улицу, будут штрафовать за то, что они не носят масок! Вирус придет из секретной биолаборатории.

— Какой еще биолаборатории? — вы уже слышали о каком-то новом китайском вирусе, вроде бы его подхватили люди, съев летучую мышь. А биолаборатории — это уже конспирология для сумасшедших. Впрочем, вы же и разговариваете с умалишенным.

— Всемирная организация здравоохранения будет стимулировать производство вакцины, ей заставят прививаться всех, чтобы получать сертификаты, по которым можно будет покупать авиабилеты.

— А, значит, авиабилеты? То есть авиасообщение все-таки будет? — пытаетесь вы подловить на несоответствии вашего собеседника.

— Авиасообщение восстановится. Но только не для России. Самолеты из России перестанут летать в Европу и Америку. Долететь в Будапешт или ту же Венецию можно будет только через Стамбул или Дубай. Но для этого нужно будет получить визу, а подтвердить наличие средств на счету вы не сможете, потому что карты российских банков не будут принимать в 190 странах мира.

— Ну да, вы еще скажите, что начнется война!

— Не хотелось бы вас расстраивать. И, представьте себе, среди левонастроенных интеллектуалов Запада станет модным и даже обязательным называть израильтян военными преступниками. А премьер-министра Израиля объявит в розыск международный уголовный суд.

Вы понимаете, что это уже проявления шизофазии, но вам становится интереснее.

— После того как президентом США станет Дональд Трамп, выяснится…

— Минуточку, он же и сейчас президент США.

— Да, но через шесть лет выяснится, что предыдущая администрация выделяла деньги на революцию на Украине, закупала ботов для соответствующих групп в социальных сетях, спонсировала постановку трансгендерного мюзикла в Ирландии и поставку персонализированных контрацептивов в арабские страны. Новое правительство закроет организацию под названием USAID, созданную в начале пятидесятых годов прошлого века для осуществления политических целей международной политики США. Выяснится, что эта организация напрямую много лет спонсировала правительство Украины и сепаратистов на Северном Кавказе. И даже запрещенную террористическую организацию «Аль-Каида». При этом станет ясно, что деньги выделялись таким образом, чтобы по ним невозможно было предоставить или восстановить отчетность, то есть вероятно, эти деньги просто разворовывались коррупционными методами, не покидая юрисдикции США. Ах да, чуть не забыл, китайский автомобиль будет признаком благосостояния.

Все это, разумеется, неважно, ведь сейчас осень 2019 года, а через четыре часа вы будете в Венеции, Париже или Милане. А кто сидит перед вами? Сумасшедший, ясно же.

И все-таки, что мы можем извлечь из такого фантастического умопостроения?

Мы видим, что мир весьма подвижен, и так же подвижно наше восприятие действительности.

То, что казалось конспирологическим хаотичным бредом всего пять лет назад, сейчас выглядит как актуальная новостная повестка, а через год будет поводом для ностальгических воспоминаний. И хорошая, и плохая новость состоит в том, что нет ничего невозможного. Жизнь с каждым годом, по крайней мере, становится все интересней. Рано или поздно количество безумных событий должно породить период благоденствия — когда-то же должно стать хорошо? Значит, до этого «хорошо» нужно дожить. Для этого понадобится здоровая психика. И парадокс заключается в том, что сохранять психику здоровой получается у тех, кто не назначает окружающих сумасшедшими.

Нужно смотреть на мир шире, тогда в нем будет меньше шокирующих неожиданностей. Иными словами, шапочки из фольги мастерить еще рано, но и фольгу выкидывать не стоит.

https://www.gazeta.ru/comments/column/articles/20511434.shtml

Задание 1. Отметьте верные утверждения.

		верно	неверно
1.	В 2019 году люди уже осознавали, что скоро начнется пандемия, и готовились к ней.		
2.	Автор текста считает, что верить в теории заговора — это признак нездоровой психики.		
3.	В тексте упоминается, что Всемирная организация здравоохранения (ВОЗ) активно способствовала созданию вакцин против пандемии.		
4.	В статье говорится, что китайские автомобили станут символом бедности.		
5.	Автор текста утверждает, что через несколько лет после 2019 года люди начнут работать исключительно из дома.		
6.	В статье подчеркивается, что события, ранее воспринимавшиеся как фантастика, со временем становятся реальностью.		
7.	Основная мысль статьи — чем шире человек смотрит на мир, тем меньше он оказывается шокированным неожиданными событиями.		

Задание 2. Выберете все возможные верные варианты ответов.

1.	Какой тон использует автор в тексте?	a. серьезный b. ироничный c. аналитический d. драматичный
2.	Что означает фраза «черный лебедь» в контексте статьи?	a. редкое природное явление b. символ неожиданных и значительных событий c. упоминание известной книги о конспирологии d. прозвище нового вируса
3.	Какую реакцию вызывает рассказ «сумасшедшего» у главного героя?	a. полное доверие и готовность действовать b. скептицизм c. страх и панику d. желание немедленно проверить информацию

4. Какой эффект создаёт упоминание о будущем, в котором китайские автомобили станут символом благосостояния?		a. Это намек на экономическое доминирование Китая. b. Показывает, что автор поддерживает китайский автопром. c. Указывает на рост технологического прогресса. d. Подчеркивает, что конспирологические теории нередко бывают абсурдными.
5. Какую функцию выполняет фраза «шапочки из фольги мастерить еще рано, но и фольгу выкидывать не стоит»?		a. Описывает необходимость защиты от радиоволн. b. Подчеркивает, что стоит быть открытым к разным версиям реальности. c. Намекает, что теории заговора всегда правдивы. d. Выражает поддержку конспирологическим взглядам.
6. В чем заключается парадокс, который упоминает автор в конце статьи?		a. В том, что в мире никогда не будет спокойствия. b. В том, что психически здоровых людей нет. c. В том, что люди верят только в официальную информацию. d. В том, что конспирология помогает предсказывать будущее.

Test #20

Квадробинг: просто игра или геополитическое оружие?

Кто и зачем может навязывать опасное поведение нашим детям

Теоретический анализ квадробики позволяет с определенной степенью уверенности сказать, что она может выступать формой экстремальной деятельности. Большинство исследователей считают, что такие действия создают угрозы психологическому и физическому здоровью человека. Иными словами, экстремальным можно назвать поведение, которое выходит за пределы привычного для человека психофизического напряжения. А квадробика как раз может привести к возникновению рисков для человека.

Давайте попробуем рассмотреть эти тезисы с научной точки зрения, с позиции теоретических подходов.

Квадробику активно обсуждают в интернете. Это субкультура, члены которой интересуются «антропоморфными» животными, приобретают соответствующие декорации и подражают выбранным зверям. Причем так ведут себя не только дети в России — за рубежом тоже достаточно квадроберов.

В СМИ квадробику (или квадробинг) часто сравнивают с детской игрой. Но с точки зрения терминологии это неверно. Игра «представляет собой форму деятельности, в рамках которой происходит усвоение общественного опыта». Она необходима для развития ребенка, потому что формирует высшие психические функции человека, закрепляет сценарии и роли социального взаимодействия.

Это своего рода репетиция взрослой жизни. Дети могут играть в казаков-разбойников, в дочки-матери, и здесь понятно значение и роль игр. В случае с квадробингом, к сожалению, никаких социальных отношений не формируется, напротив — процесс социализации нарушается. Это инструмент стагнации психики, растормаживания инстинктов, редукция. В целом эта такая дрессура ребенка, натаскивание на определенный паттерн поведения.

Такая «игра» больше напоминает «игры» животных. Детеныши тоже повторяют поведение взрослых особей, отмечает основоположник отечественной зоопсихологии Курт Фабри в своей работе «Игры животных и игры детей». Разве что ранние игры совсем маленьких детей можно сравнить с животными, но и там уже наблюдаются различия. То есть основная черта игры ребенка содержится в ее социальном облике.

Курт Фабри утверждал, что «важнейшие качественные отличия даже ранних игр детей связаны с активным сознательным воспитанием ребенка взрослыми в условиях постоянного общения с ним, его целенаправленным приобщением к искусственному миру предметов человеческого обихода и социальной ориентации его поведения. В этом же русле совершается и специфически человеческое овладение ребенком речью — процесс, несопоставимый с развитием коммуникативных систем животных».

В отечественной психологии многократно доказано, что только общение ребенка со взрослым в совместной игре способствует общему психическому развитию ребенка.

Исходя из этого, вряд ли можно назвать квадробику игрой.

Кроме того, если ребенок слишком долго находится в роли квадробера, у него сбиваются социальные ориентиры, он может неверно осознавать свою роль в обществе и правила поведения. Ребенок постепенно скатывается к биологическому поведению и начинает действительно входить в роль кошки или собаки.

Квадробинг фактически не игра, а имитация повадок животного. То есть игра, с ее социальным значением, подменяется на биологическое поведение пусть даже высшего млекопитающего. Эта информационно-психологическая эпидемия, стремительно распространяющаяся в детских пабликах и соцсетях. Такой сложный англоязычный новояз «квадробинг», очевидно, маскирует суть проблемы. Дети массово подражают повадкам животных, фактически имитируя репертуар их поведения. Идет распространение челленджей и флешмобов, направленных на манипулирование детьми, на вовлечение их в «биологический зверинец». Подростков и не только склоняют к переодеванию в животных, к поеданию собачьего корма.

Кроме того, это напоминает легкую форму «синдрома Маугли». Он возникает, когда дети растут в условиях крайней социальной изоляции, испытывая дефицит общения с другими людьми.

Такие дети не ощущают заботы и любви. Они в основном опираются на инстинкты, зачастую не умеют говорить, ходят на четвереньках, не умеют общаться, ничего не знают об этикете.

И я допускаю, что ребенок-квадробер имеет определенную психическую предрасположенность к этому. Она формируется, когда дети растут в дисфункциональных или неполных семьях, больше общаются с животными, а не с людьми. Квадробинг для них становится неким пристанищем, формой эскапизма, бегством от асоциальной реальности. Может быть, в семье есть домашние животные, которые заменяют детям человеческое общение. Отсюда и возникает некая биологическая подражательность, попытка максимально даже свой облик (с помощью масок и хвостов) приблизить к фенотипу животного. Так что ответственность за появление признаков «квадроберства» у ребенка косвенно должен разделять и родитель. Это означает, что у ребенка может быть социально-педагогическая запущенность.

А еще повадки квадроберов схожи с синдромом одичания. Это разновидность реактивного психоза, при котором поведение больного напоминает поведение животного. Виталий Жмуров в своей книге «Психопатология» указывает, что в таких случаях пациент проявляет агрессивность, рычит, бегает на четвереньках, обнюхивает предметы, ест руками или только с помощью рта. Но обычно это сопряжено с пережитым страхом.

Автор также указывает, что в детской психопатологии описаны своеобразные расстройства самосознания в виде «игровых перевоплощений»: «Представляя себя в роли животного, сказочного персонажа или литературного героя, ребенок «заигрывается» настолько, что долгое время не может переключиться на обычную свою роль, даже побуждаемый к этому извне».

Вот поэтому так важно сегодня дать качественную психиатрическую оценку квадробингу. Не исключено, что такое поведение детей похоже на уникальную форму симуляции расстройства.

Существует точка зрения, согласно которой квадробинг — продукт искусственного информационно-психологического воздействия на психику ребенка. В результате фактически происходит расчеловечивание, дегуманизация, демонтаж социальных навыков. У ребенка могут возникнуть проблемы в общении со сверстниками, нарушения в когнитивной сфере. Квадробинг активизирует первую сигнальную систему, отвечающую за инстинкты, и затормаживает вторую сигнальную систему, отвечающую за речь, мышление и другие социальные и психические функции человека. Происходит искусственная биологизация ребенка, он становится более агрессивным.

Как итог — квадробинг деструктивен. Дети-квадроберы более инфантильны, хуже социализируются, меньше общаются и не развивают свою речь. Кроме того, дети занимают подчиненное положение, начинают требовать соответственного к себе отношения, что дает место агрессии, жестокому обращению, сакрализации страданий, что напоминает манифестацию еще одного, уже психосексуального расстройства — садомазохизма. По степени распространения квадробинга мы можем говорить о высокой неконтролируемой вовлеченности детей в цифровое пространство.

Безусловно, в современных геополитических реалиях можно предположить, что навязывание квадробинга — часть гибридной войны. Возникает закономерный вопрос: не является ли технология квадробинга элементом архитектуры «новой нормальности?» Может ли квадробинг быть инструментом демонтажа социальной идентичности человека? Не приведут ли все эти «нововведения» и «игры» к тому, что с рождения ребенка будут спрашивать, кто он? Мальчик, девочка, оно? А может быть, «не мышонок, не лягушка, а неведома зверушка?»

https://www.gazeta.ru/comments/column/articles/20013847.shtml

Задание 1. Отметьте верные утверждения.

		верно	неверно
1.	Квадробинг можно рассматривать как разновидность детской игры, так как он способствует социализации.		
2.	В отличие от игр, квадробинг не формирует социальные роли и сценарии взаимодействия.		
3.	Курт Фабри считает, что детские игры и поведение животных полностью идентичны.		
4.	Квадробинг может привести к нарушению социальных ориентиров у ребенка.		

5.	Виталий Жмуров связывает поведение квадроберов с расстройствами самосознания и психопатологий.		
6.	Квадробинг способствует развитию речи и когнитивных способностей.		
7.	Квадробинг может быть результатом искусственного информационно-психологического воздействия.		
8.	В тексте проводится параллель между квадробингом и технологиями гибридной войны.		

Задание 2. Выберете все возможные верные варианты ответов.

1.	В чём заключается основная идея текста?	a. b. c. d.	Квадробинг — это современный тренд, который нужно поощрять. Квадробинг — явление, которое может нанести вред развитию ребенка. Квадробинг — безобидное подражание животным. Квадробинг — традиционная детская игра.
2.	Какое слово можно использовать как синоним к термину «эскапизм» в контексте статьи?	a. b. c. d.	социализация уход от реальности лидерство эмпатия
3.	Как автор описывает влияние квадробинга на психику ребенка?	a. b. c. d.	Квадробинг развивает творческое мышление. Квадробинг разрушает социальные ориентиры. Квадробинг улучшает коммуникативные навыки. Квадробинг помогает детям находить друзей.
4.	Тон статьи - …	a. b. c.	нейтральный критический юмористический
5.	Какое из следующих утверждений НЕ упоминается в тексте?	a. b. c. d.	Квадробинг может быть формой информационно-психологического воздействия. Квадробинг схож с синдромом Маугли. Квадробинг способствует формированию лидерских качеств у детей. Квадробинг может быть связан с психическими предрасположенностями.

6. Какое слово можно использовать как антоним к слову «деструктивен» в контексте текста?	a. разрушительный b. созидательный c. опасный d. пассивный
7. Какую цель преследует автор, используя выражение «не мышонок, не лягушка, а неведома зверушка»?	a. Намек на известную сказку, чтобы сделать текст более занимательным. b. Усиление идеи о потере социальной идентичности детей. c. Попытка оправдать квадробинг как форму самовыражения.

Test #21

Кому сейчас в России нужны иностранные языки

«Надо будет — найму толмача» — плохая стратегия. И вот почему

В разгар праздников и традиционных шашлыков русские люди начинают строить планы. Не только же отдыхать.

Среди популярных целей вроде «похудеть к лету», «разбогатеть к весне» и «проснуться к понедельнику», толкаясь герундием в бок, торжественно и важно выступает благая цель «выучить английский» (ну или хотя бы сербский или болгарский, чтобы не так обидно было). Половина знакомых радостно постит свои успехи в языковых марафонах, оставшаяся половина вопрошает на всея соцсети: а надо ли оно или мы как-нибудь обойдёмся?

И правда, а надо ли это вообще — в XXI веке знать иностранные языки?

Не «для работы», не «для ЕГЭ», не для «объясниться без картинок в меню», а вот прямо так для себя, для радости в жизни, просто так?

Для меня как преподавателя ответ быстр и прост: не знать иностранного языка — значит, быть добровольно отрезанным от возможности повышать квалификацию, узнавать новое в своей профессии, не иметь возможности понять данные современных исследований. «Все флаги будут в гости к нам» — фраза красивая, но, увы, не всегда работающая, если вы обнаружили себя пополудни, скажем, в Уганде.

«Надо будет — найму толмача». Это слишком частый ответ на вопрос: «А почему ты не знаешь ни одного иностранного языка-то, имея все возможности изучить хотя бы плохонький, но один?» Действительно, раньше у переговорщиков средней руки срабатывало правило «надо просто все изложить переводчику, а дальше оно уж там само как-нибудь». Правда, и результата при таком подходе никто не гарантировал. А бывает ли иначе? Бывает. И очень даже часто.

Говорят, все новое — это давно забытое старое. Еще говорят, что Пётр I, прорубив окошко влево, заставил всех учить иностранные языки и вообще всякие экспедиции в кругосветки посылал и мадагаскарами баловался. А «элита» должна была посылать своих детей учиться в разных университетах, для чего, конечно, требовалось знание не одного, а сразу нескольких иностранных языков и без всяких там переводчиков: на них казны не напасешься. Вернувшись домой, эти «дети элиты» образца XVIII века привезли в туеске и новую культуру общества — культуру изучения языков, чтения на разных языках и много чего еще. И после Петра Великого идея обязательного изучения языков не иссякла, а продолжила развиваться.

Если в петровские времена иностранные языки в их массовом изучении были во многом открытием, то в наше время это, скорее, обыденность.

Хотя нет, постойте. Иностранный язык — это всегда открытие. Открытие нового мира, культуры, науки для себя лично, в домашнем режиме и диванном стиле. Да и просто расширение возможностей для общения на планете, наконец. Ведь столько раз бубнили миру, что тот же Шекспир в оригинале сильно отличается от любого самого великолепного литературного перевода. И даже если усредненному зрителю с утонченным вкусом в целом на пальцах понятно, кто подставил Дездемону, то значит ли это, что этого пересказа сюжета без чтения оригинала будет достаточно, чтобы считаться интеллектуально развитым и культурным человеком XXI века?

Или же, как часто пишут в мамских пабликах, «я свое уж отчитала, книгов мне не нужно»? Правда, там обычно строчкой ниже следует нелогичный вопрос: «Почему ребенок не читает книги и не учит английский?»

Действительно, странно.

А нужно ли это — уметь читать произведения мировой литературы в оригинале? Этот вопрос, конечно, любой человек решает для себя сам, молча, наедине со своим самым строгим и не поддающимся коррупции критиком — собой.

Тут в памяти всплывают знакомые недоумевающие индусы, шокированные заявлениями в стиле «мне и одного языка на жизнь хватит». «Как?!» — всплеснут руками бывшие британские верноподданные. — В стране может быть только один используемый язык?» И что же это получается, совсем даже не надо учить остальные три сотни диалектов и языков соседних не то что государств, а просто областей, чтоб хотя бы понимать своих непосредственных соседей по району?

Правда, наряду с ними вспоминаются и уже ставшие критически русскоязычными Бали и Самуи, как и все еще не вышедшие из состава «русскоговорящих» Индонезия и Таиланд, не говоря уж о Сербии, Черногории и огромном пространстве стран Центральной Азии. Но исключения ведь на самом деле лишь усиливают правило, правда же?

Новый язык — это ведь и создание нового себя, своей новой идентичности, новой личной культуры. Мы — люди. Мы живем словами и буквами. Мы выражаем эмоции и решения ума словами и немножечко утренним горловым пением. Мы осознаем себя через язык. Мы же не норвежская лесная кошка, которая и не подозревает, что она мяукает исключительно на старонорвежском и дерет диван строгими рунами футарка. Изучая каждый новый язык, мы становимся еще чуть больше собой, раскрываем еще чуточку себя. И это не просто прекрасно. Это критически важно.

Можно учить язык с программой, можно живьем с преподавателем, с группой сочувствующих и приветствующих, можно с бумажным словариком, тщательно заводя туда иероглифы и прочие сигмы — дело полезное аж до медицинского уровня. Учишь новый язык, а получается такой почти что массаж мозга — ручной или аппаратный, с введением новых грамматик, звуков и букв прямо в серое вещество. Конечно, как водится, «ручной» метод изучения живее, машинный — ярче.

Впрочем, бывает по-разному. Злые языки говорят, что в некоторых равноудаленных от цивилизации странах Африки, в силу неграмотности населения и нежелания изучать какие-либо языки, кроме родного наречия, в анкетах просто рисуют картинки: поставьте галочку, если вы за слоника, зебру, льва или антилопу. И они ставят, так как получить зулусский после школы не сложилось. Впрочем, это проблемы далеких голодающих африк — отмахнутся многие. А у нас есть и выбор школ, и возможности.

Так что выбор всегда за нами — учить языки и быть отлично образованной и хорошо интегрированной частью этой большой и интересной планеты, или… продолжать просить перевести с зулусского?

https://www.gazeta.ru/comments/column/n_piskunova/19019395.shtml

Задание 1. Отметьте верные утверждения.

		верно	неверно
1.	В XXI веке знание иностранных языков необходимо исключительно для работы и сдачи экзаменов.		
2.	Автор считает, что использование переводчика — оптимальная стратегия при отсутствии знания иностранного языка.		
3.	В петровские времена изучение иностранных языков было в новинку, а в современном мире это стало обыденностью.		
4.	Шекспир в оригинале мало отличается от перевода, поэтому знание английского не имеет особого значения для понимания его произведений.		
5.	Автор утверждает, что изучение новых языков способствует созданию новой идентичности человека.		
6.	Автор приводит в пример Индию, где для многих жителей знание нескольких языков — норма.		
7.	Автор считает, что машинное изучение языка (с помощью технологий) эффективнее традиционного обучения.		

Задание 2. Выберете все возможные верные варианты ответов.

1.	Какой основной аргумент приводит автор в пользу изучения иностранных языков?	a. возможность путешествовать без переводчика b. доступ к знаниям и профессиональному развитию c. требования к сдаче экзаменов d. возможность переехать в другую страну
2.	Что автор подразумевает под фразой «надо будет — найму толмача»?	a. разумный подход в преодолении языковых барьеров b. ошибочная стратегия, которая не гарантирует успеха c. необходимость профессиональных переводчиков d. признание важности изучения иностранных языков

3.	Как можно охарактеризовать подход к изучению языков в России в петровские времена?	a. добровольный и стихийный b. строго обязательный для всех c. стратегически важный для элиты d. малозначительный по сравнению с другими реформами
4.	Какое из следующих утверждений наиболее точно отражает основную идею статьи?	a. Иностранные языки в современном мире становятся все менее важными. b. Изучение языков необходимо для профессионального роста и личностного развития. c. Использование переводчиков полностью заменяет необходимость учить язык. d. Современные технологии делают изучение иностранных языков устаревшей практикой.

Test #22

Принуждение к «АвтоВАЗу»

Почему в России автомобили продают по цене квартир?

В столице Самарской области, неподалеку от которой расположен «АвтоВАЗ», новая квартира в строящемся доме стоит в среднем 5,4 млн рублей, свидетельствуют данные «Домклика». Для людей, которые покупают такое жилье, — это фундаментальное вложение денег на полжизни вперед, а с недавних пор такой же инвестицией для них стала и покупка личного автомобиля. По данным аналитического агентства «Автостат», средняя цена новой машины в России превысила 3 млн рублей, что сопоставимо со средней стоимостью однокомнатной квартиры в стране. Чем не вторая ипотека?

Чтобы понять, почему автомобили стали такими дорогими, нужно отмотать хронологию событий немного назад. Изначально машины начали резко дорожать в 2020 году в пандемию из-за нехватки чипов, комплектующих и общего нарушения логистики ввиду закрытия границ. Не успев оправиться, авторынок РФ пережил сильнейший удар дефицита иномарок, который образовался из-за тотального ухода иностранных концернов из России в 2022-м.

Однако уже в 2023 году ситуация стала выравниваться благодаря механизму параллельного импорта, а на рынке появились многочисленные посредники, которые занялись доставкой автомобилей, что называется, «под ключ». Даже колеблющийся рубль несильно влиял на ситуацию, потому что впервые за несколько лет между «серыми» и «белыми» продавцами началась реальная конкуренция за покупателя. Эксперты пророчили, что в 2024 году «рынок продавца» наконец-то превратится в «рынок покупателя».

И тут на сцену вышел новый актор, действия которого стали определяющими в цене автомобилей, — «АвтоВАЗ».

Еще в январе 2023 года глава тольяттинского предприятия Максим Соколов говорил о необходимости повысить утильсбор на легковушки, чтобы обеспечить барьер для защиты национального автопроизводителя. По словам Соколова, средний взимаемый утилизационный сбор за машину — 170 тыс. рублей — уже не был сдерживающим фактором для иностранной продукции, угрожающей российским производителям.

Инициативу «АвтоВАЗа» поддержал Минпромторг, но правительство в целом долго сопротивлялось ей, наконец, согласившись в августе проиндексировать сбор. Суммы к выплате выросли сразу в 1,7-3,7 раза в зависимости от машины! Чтобы вы понимали масштаб: для автомобилей формата Hyundai Palisade или Toyota Land Cruiser прибавка в розничной цене составила около 1 млн рублей. В более доступных сегментах — 300-500 тыс. рублей. Это все наложилось на ослабление рубля, и цены на автомобили выросли на 20-30%.

Казалось бы, «АвтоВАЗ», получив в виде индексации «утиля» заветную защиту от «недобросовестной» конкуренции понаехавших китайских автокомпаний, должен был ей воспользоваться, используя гибкий маркетинг. Однако завод сразу же поднял цены. К слову, это было далеко не единственное повышение цен «АвтоВАЗа» в 2023 году.

И вот наступил 2024-й. Глава Ассоциации российских дилеров (РОАД) Алексей Подщеколдин возвестил благую весть: у китайских компаний случилось затоваривание складов. Планы по продажам существенно превысили емкость российского рынка, а поскольку автопром — это инерционная машина, которую нельзя остановить без больших потерь, то на горизонте вырисовывался новый этап конкурентной борьбы и скидок.

И тут снова появился «АвтоВАЗ», который предложил в очередной раз пересмотреть ставки утильсбора. Минпромторг уже заявил, что готов рассмотреть это предложение, если будет какая-то конкретика.

Примечательно, что протестует российский производитель именно против естественной конкуренции. Заявление господина Соколова настолько красноречиво, что позволю себе его процитировать:

«К сожалению, мы продолжаем наблюдать крайне агрессивную ценовую экспансию со стороны импортируемых автомобилей китайских брендов, которые не заинтересованы и не видят стимула в локализации своего производства в России, что загрузило бы дополнительными заказами и российскую компонентную отрасль».

Простите, когда механизм конкуренции вдруг перестал быть рыночным? Никто не запрещал импортировать товары. Во всем остальном, пусть уже и не очень дружественном, но все-таки цивилизованном мире именно конкуренция служит естественным рычагом определения качества вашего продукта.

А если Lada Vesta в максимальных комплектациях сравнялась по цене с куда более технологичными, вместительными и, скажем честно, более респектабельными кроссоверами Haval Jollion, Chery Tiggo 4 Pro и Geely Coolray, то, может, это проблема не китайских автокомпаний, а Lada?

Конечно, свои национальные компании поддерживают все страны, но не до такой же степени. В конце концов, есть старый добрый и проверенный временем инструмент стимулирования спроса — субсидируемые автокредиты. Большую часть его ресурса всегда выбирали отечественные автокомпании. Почему не использовать его сейчас?

Деньги от повышенного утильсбора текут в бюджет с августа прошлого года, почему бы не использовать их? Так и овцы сыты, и волки целы. А среднестатистическая российская семья, которой никогда не было просто выживать, может уже не будет брать вторую ипотеку?

https://www.gazeta.ru/comments/column/articles/18539773.shtml

Задание 1. Отметьте верные утверждения.

	верно	неверно
1. Средняя стоимость нового автомобиля в России сейчас составляет около 5,4 млн рублей.		

2.	Рост цен на автомобили начался в 2020 году из-за пандемии, дефицита чипов и логистических проблем.		
3.	В 2022 году иностранные автоконцерны массово покинули российский рынок, что привело к снижению цен на автомобили.		
4.	Параллельный импорт помог частично стабилизировать ситуацию на российском авторынке.		
5.	«АвтоВАЗ» выступил за повышение утилизационного сбора, чтобы защитить российских производителей от иностранной конкуренции.		
6.	Автор статьи поддерживает инициативу «АвтоВАЗа» по защите отечественного автопрома.		

Задание 2. Выберете все возможные верные варианты ответов.

1.	Какой фактор помог частично восстановить рынок автомобилей в 2023 году?	a. возвращение европейских автоконцернов b. рост цен на нефть c. развитие параллельного импорта d. полное устранение дефицита комплектующих
2.	Что стало ключевой причиной очередного повышения цен на автомобили в 2023 году?	a. ослабление рубля b. увеличение утильсбора c. уход китайских производителей с рынка d. государственные субсидии на покупку машин
3.	В чем заключается парадокс ситуации с «АвтоВАЗом»?	a. в том, что он снижает цены, несмотря на поддержку государства b. в том, что он поднимает цены, несмотря на введенные меры защиты c. в том, что он не конкурирует с китайскими производителями d. в том, что он добровольно отказывается от субсидий
4.	Что имеет в виду автор, говоря: «Чем не вторая ипотека?»	a. Покупка автомобиля в России стала серьезной финансовой нагрузкой. b. Люди предпочитают покупать квартиры вместо автомобилей. c. Ипотека теперь дешевле, чем автомобиль. d. Государство предлагает льготы на автокредиты.

AUDIO & VIDEO materials
https://www.youtube.com/@interestingrussian

(https://youtube.com/playlist?list=PLWMHWBMLmn5TodMSu2nS1bQq7dlV-0EI9&si=zCMP4zGlCNM0FFBg)

Аудио: Кирпичникова Э., Пивоваров Е.

Оформление: Кирпичникова Э.

Наши сайты:

Tesoro Language Center www.tesorolc.com

Interesting Russian www.interestingrussian.com

https://www.youtube.com/@interestingrussian

Recommendations for advanced-level textbooks:

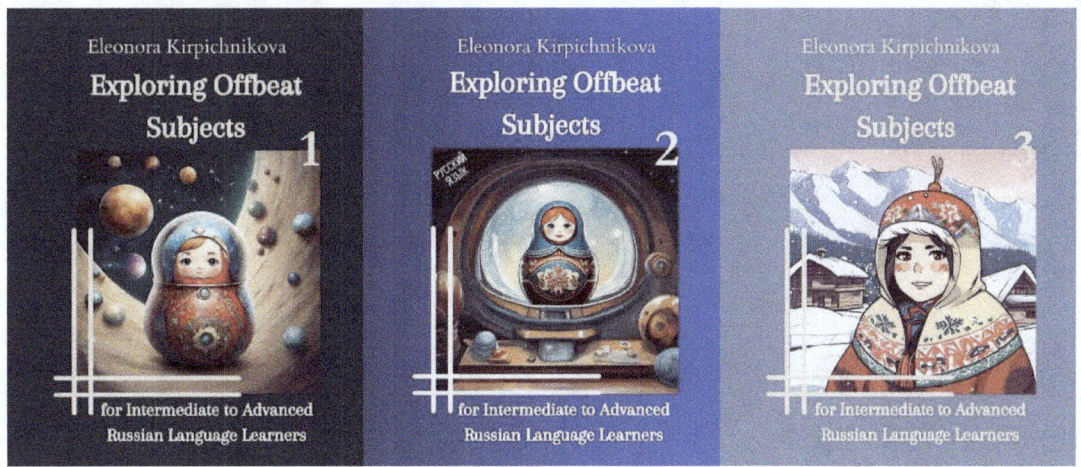

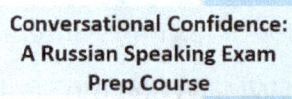

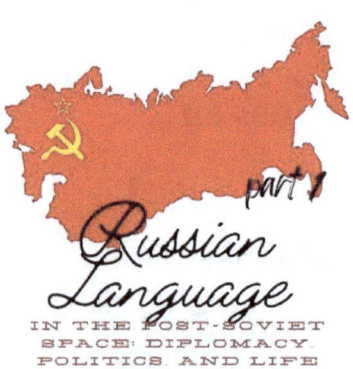

Political Russian: An Advanced Course in Russian Language for International Relations

Political Russian: An Advanced Course in Russian Language for International Relations

Title: DLPT Russian Prep 1

Author: Eleonora Kirpichnikova

2025

ISBN: 978-1-969191-00-8

Copyright © 2025 by Eleonora Kirpichnikova
All rights reserved.
No part of this book may be reproduced, stored in a retrieval system, or transmitted in any form or by any means—electronic, mechanical, photocopying, recording, or otherwise—without the prior written permission of the publisher, except for brief quotations used in reviews or scholarly works.

This is a work of nonfiction. Names, characters, places, and incidents are the product of the author's imagination or used fictitiously. Any resemblance to actual events, locales, or persons, living or dead, is purely coincidental.

For information, contact:
interestingruss@gmail.com

Cover design by Eleonora Kirpichnikova
Published by Eleonora Kirpichnikova

Printed in the United States of America

www.ingramcontent.com/pod-product-compliance
Lightning Source LLC
Chambersburg PA
CBHW080746250426
43673CB00063B/1943